229

VOYAGE

EN

ARMÉNIE ET EN PERSE

Village arménien sur l'Arar.

VOYAGE

EN

ARMÉNIE

ET

EN PERSE

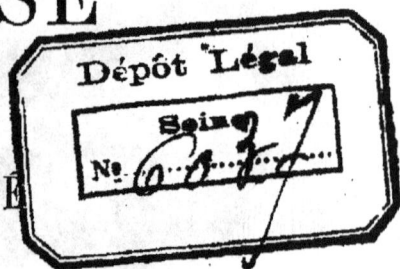
PAR

PIERRE FRÉDÉ

PARIS

LIBRAIRIE CH. DELAGRAVE

15, RUE SOUFFLOT, 15

—

1885

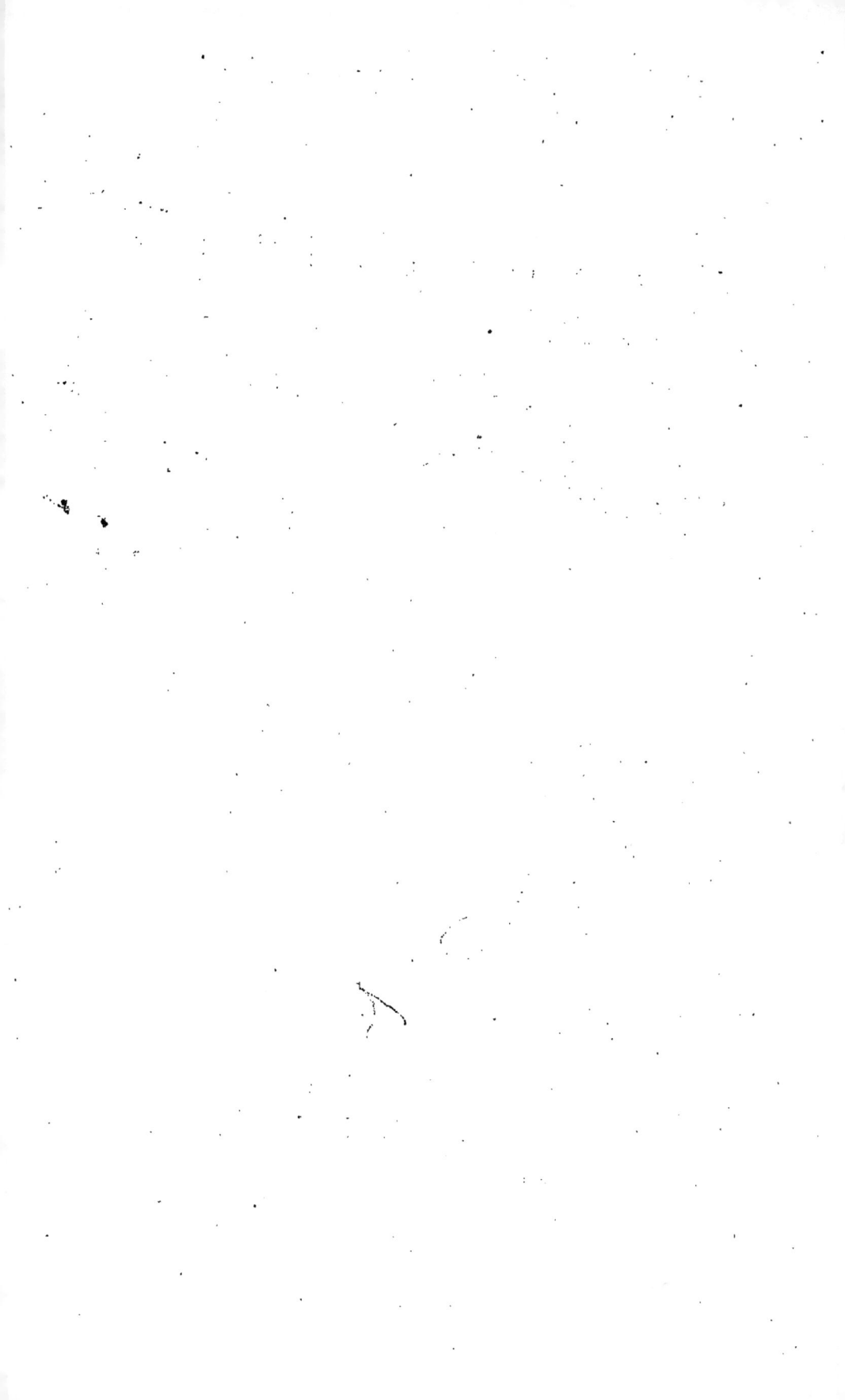

VOYAGE EN ARMÉNIE

ET EN PERSE

CHAPITRE PREMIER

DE TRÉBIZONDE A ERZEROUM

L'Asie Mineure, il faut rendre cette justice aux Turcs, n'est pas, à l'heure présente, plus riche en chemins qu'elle ne l'était au temps de Mahomet. L'Angleterre, dans l'intérêt de son commerce dans la *Péninsule d'or*, avait proposé de construire à ses frais un chemin de fer de Beyrouth à Bagdad par Damas, et le long de l'Euphrate jusqu'à la mer Vermeille : elle s'est heurtée contre la force d'inertie de la Turquie, la seule force que celle-ci ait à sa disposition et avec laquelle elle joue l'Europe occidentale depuis

1

plus d'un demi-siècle. Et les Anglais en sont réduits à faire passer une partie de leurs malles dans des sacs accrochés aux flancs de chevaux de selle, par monts et par vaux, au galop ou au pas, selon l'état des chemins.

Or courir de cette façon, à travers l'Asie Mineure, n'est point du goût de tout le monde ; escalader d'énormes montagnes d'un côté, les descendre presque à pic de l'autre n'a rien, absolument rien de bien attrayant : c'est un casse-cou perpétuel.

Mais, me direz-vous, si ce pays est encombré de rochers, il est aussi couvert de ruines intéressantes, de monuments historiques et bibliques qui valent bien la peine d'être vus de près.

Je n'y contredis pas. Quand on a pour objectif autre chose que les vieux pans de mur de Babylone, des tronçons de colonnes rongés par le temps, perdus dans les broussailles, on s'empresse de prendre un autre chemin.

Le nôtre était de traverser l'Arménie d'un bout à l'autre pour nous rendre en Perse, — le pays des aigrettes de diamants monstrueux, des perles que l'on dirait pondues par des colombes, — en passant par le fameux couvent d'Edch-Miazzinn, autrement dit : *les Trois-Eglises,* perché au milieu d'un désert d'eau, sur un immense plateau à six ou huit mille pieds au-dessus de la mer, où trente ou quarante rivières et ruisseaux, descendant de tous les côtés du grand et du petit Ararat, se croisent sur une étendue de six à huit lieues, et se réunissent enfin pour enfler l'Araxe, dans lequel on pêche des truites gigantesques, des carpes de douze à quinze livres et des écrevisses mouchetées de rouge, d'une grosseur phénoménale.

En fait de routes pour s'acheminer vers la Perse, il n'y en a sérieusement que trois; et je prie le lecteur de ne pas rire trop bruyamment, quand je vais lui dire que le chemin le plus facile pour se rendre dans l'Iram, sous le tropique, c'est de remonter au pôle nord, de côtoyer le

pays des Lapons, de descendre par le Volga et
la Caspienne ou par le chemin de fer de Pétersbourg à Astrakan, d'où on se remet en route
pour escalader le Caucase, puis le redescendre
jusqu'à Tiflis, et de là, à dos de mulet, aller à
Lencoran. Tous les chemins conduisent à
Rome.

A Lencoran, vous êtes sur le sol persan et
vous avez pour dix jours de caravane avant d'arriver à Téhéran; vingt-deux ou vingt-trois, et
même vingt-quatre pour gagner Ispahan, autant
pour descendre à Shiraz, le pays des plus
excellents vins blancs du monde, et à Buscheïr,
sur la mer Vermeille.

Ce chemin étant trop long, bien qu'on dise
que souvent le plus long est le plus court, nous
décidâmes, mon compagnon le docteur Marius
et moi, de sauter d'un seul bond jusqu'à Constantinople, que nous connaissions de longue
date, par les bateaux-poste de la Méditerranée, soit sept jours de navigation; de passer à
bord des bateaux autrichiens faisant le trajet

Trébizonde (quartier du port).

en trois jours, de Stamboul à Trébizonde, avec escale à Sinope deux fois par semaine.

Mais de Trébizonde, une bien jolie ville, bien intéressante, à Erzeroum, le chemin assez difficile et dangereux ne peut être franchi autrement qu'à dos d'âne ou de mulet, quelquefois à dos de chameau. Bien que cet animal ne soit pas fait pour escalader les montagnes et les descendre, on s'en sert néanmoins à l'occasion.

Nous donnâmes la préférence aux mulets, dont la prudence est connue.

Cette traversée, de près de huit jours, vous donne un avant-goût de ce qui vous attend en Arménie.

Quant aux ressources matérielles que l'on peut espérer, elles sont des plus élémentaires et capables à peine de vous empêcher de mourir de faim. Elles sont tant bien que mal assurées par de petites hôtelleries tenues par des chrétiens ou des israélites,

très nombreux en ce pays, et dont le costume
— hommes et femmes, celui des femmes surtout — est encore aujourd'hui exactement le
même qu'au temps de Ponce-Pilate et des
apôtres.

Les gens doués d'un estomac capricieux,
difficile, ayant une tendance à la gastralgie, se
garderont bien de venir en ce pays ; ils y
feraient maigre chère, très maigre chère. De loin
en loin on a la chance de trouver des galettes de
maïs, quelquefois de froment au miel, cuites sur
des cailloux rougis au feu ; puis du lait de brebis
ou de chèvres, pas trop mauvais ; puis des raisins
secs, des figues, des noix et des melons. Je ne
garantis pas autre chose. Le vin n'est pas absolument mauvais, et le tabac opiacé n'est point
cher.

Ce régime d'anachorète n'est pas de nature à
rendre les voyageurs obèses. Tout au contraire,
ceux dont les tissus graisseux menacent de
prendre des proportions d'hippopotame feront
sagement de venir escalader les deux Ararat,

le petit et le grand, et le Caucase; ils maigriront plus vite que par l'emploi de ce breuvage que l'on vendait naguère à Paris quarante francs le flacon, une bagatelle, drogue qui envoyait très lestement au cimetière ceux qui en faisaient usage. Il faut donc, pour voyager à dos de mulet dans ces montagnes, avoir un estomac d'autruche, capable de digérer des cailloux, posséder la sobriété du chameau, et faire abnégation complète de ce qui constitue le plus mince confortable.

Avec ces dispositions on rit de tout, on ne s'émeut de rien, on se trouve à peu près bien partout, et l'on arrive tant bien que mal à destination.

Je dois encore prévenir le voyageur que, s'il possède une peau fine, délicate, sensible à la plus simple morsure d'un insecte quelconque, morsure qui le privera assurément de sommeil, il doit rester chez lui. Voulez-vous, lecteur, la preuve que mon conseil est bon à suivre? Écoutez.

Mon compagnon et moi nous avions eu la bonne chance — hélas! je dis bonne — de trouver à nous loger dans un petit bourg du nom de Hassan-Kala où nous devions prendre la vallée de l'Araxe pour descendre jusqu'à Erivan, — chez un israélite faisant de la médecine, et Dieu sait quelle médecine! Il y avait des lits; jugez quelle aubaine! des lits!! nous qui depuis Trébizonde couchions sur le foin et sur la paille. Nous aurions volontiers embrassé ce brave confrère, dans un élan de reconnaissance, malgré sa longue barbe mal peignée et sentant le vieux oing.

Nous nous couchons un peu à l'aveuglette, faute de lumière; nous nous étirons les membres avec la joie d'un poisson mal enlevé par un perfide hameçon, et rentré tout aussitôt dans l'eau. Oh! que c'est bon un lit après seize jours et seize nuits passés en partie à l'auberge du firmament!

Une demi-heure après nous nous sentons

piqués, mordus, sucés de tous les côtés. Marius allume une petite allumette-bougie, et que voyons-nous ? les draps où nous nous prélassions si bien tout à l'heure tout noirs de puces.

Nous appelons, nous crions, nous faisons un vacarme infernal.

La femme du médecin accourt et nous demande ce qui nous agite de la sorte.

— Ce qui nous agite ! exclame Marius exaspéré.

— Ce qui nous agite ! hurlé-je à mon tour, vous le voyez : regardez donc vos draps et ces milliers de petites bêtes qui sautent comme des grenouilles.

— Quel tapage ! brame-t-elle à son tour;... mais vous n'avez donc jamais vu de puces vivantes ?

Elle ne revenait pas de notre étonnement. Ce que c'est que l'habitude ! Nous nous rhabillâmes à la hâte et, payant notre hôte, nous allâmes dormir à la belle étoile, dans le jardin, l'un veillant sur l'autre, de crainte des reptiles.

En quittant Erzeroum, où nous avions passé quelques heures à nous reposer au couvent des Frères Prêcheurs de l'ordre de la Propagande, — dont la maison mère ainsi que de celui de Mossoul est, je crois, à Amiens, — on entre presque aussitôt dans l'Arménie, en suivant d'abord la route de Kars que l'on quitte bientôt pour gagner les sources de l'Araxe, à travers un bouleversement de montagnes d'où sortent d'innombrables torrents. Ceux-ci vont, en se réunissant à la base des Ararat, former sept fleuves, parmi lesquels se trouvent l'Euphrate et le Tigre, qui encadrent la Mésopotamie.

Ce pays a peu de rivaux dans le monde pour la magnificence de la végétation, la fécondité naturelle de son sol, l'immense variété et l'éclat prodigieux des fleurs qui tapissent les prairies et les berges des cours d'eau.

A mesure que l'on gravit ces pentes où s'élèvent de grands peupliers, des platanes, des cyprès centenaires, entrecoupés de vignes à l'état de nature ; à mesure que l'on escalade ces amas de rochers, et que l'on passe de l'un à l'autre sur des ponts qui menacent de s'écrouler sous le poids des montures, on rencontre à droite et à gauche et l'on aperçoit, dans le lointain, des débris de forteresses, de châteaux crénelés, d'églises, de couvents, de monuments, restes du moyen âge ou ruines laissées plus récemment par les innombrables guerres qui ont ensanglanté ce malheureux pays. Tous ces débris émergent de broussailles épaisses où pullulent des légions de lézards de toutes les couleurs, de reptiles dangereux, de scorpions d'une grosseur hideuse, de bandes d'oiseaux de proie, et de fauves.

Dans toutes les vallées, la culture est assez prospère et le serait bien davantage si la population était plus dense. Ce pays est admirablement doté de cours d'eau. Il serait facile, au moyen d'irrigations, de faire produire à ce sol

de belles et magnifiques moissons, voire même,
dans les endroits chauffés à blanc par le soleil,
deux et trois récoltes d'herbages dans le cours
d'une année.

Les Arabes, nos maîtres dans l'art d'aménager
et de dériver les eaux qu'ils allaient prendre
jusqu'à leurs sources, si haut perchées qu'elles
fussent, pour les conduire au loin par des pentes
en zigzag, côtoyant les montagnes, les rochers,
franchissant les vallées, traversant des plaines
sur des aqueducs d'une simplicité primitive, de
façon à arroser les champs, les villages, les
villes mêmes, les Arabes, dis-je, ont un proverbe
bien singulier, que je dois rapporter ici : *Avec de
l'eau et du soleil on ferait pousser des hommes.*
La métaphore est énergique, quelque peu forcée ;
mais comme elle est vraie, comme elle exprime
bien la puissance de l'eau et de la chaleur quand
on sait s'en servir !

Après vingt ou trente siècles de guerre, de
misères, de ruines, d'incendies, de massacres,
une grande partie des Arméniens ont abandonné

leur pays, et sont errants dans le monde entier comme les juifs; ne possédant plus rien au soleil, ils se sont occupés de commerce et de négoce. Doués d'une grande intelligence, un grand nombre se sont mis au service des gouvernements étrangers, s'appliquant philosophiquement le vieil adage : *Ubi bene, ibi patria.* L'Arménie est aujourd'hui, comme la Pologne, divisée en trois parties : l'une appartient aux Turcs, l'autre à la Perse, la troisième à la Russie. Plaignons ces malheureuses populations livrées à la rapacité des vainqueurs.

CHAPITRE II

EDCH-MIAZZINN OU LES TROIS-ÉGLISES

Après dix-huit jours de marche et d'escalade par des sentiers tracés depuis des siècles le long de l'Araxe, nous arrivons au bas d'un défilé à donner le vertige sur le fameux plateau d'Edch-Miazzinn.

Le lendemain, dans l'après-midi, nous apercevons ce célèbre couvent plus connu sous le nom *les Trois-Eglises* : pourquoi trois, puisqu'il y en a quatre dans un périmètre de quelques milles?

Ce plateau a plusieurs lieues d'étendue; vingt rivières ou cours d'eau importants, venant de tous les côtés, se croisent, s'entre-croisent pour

ne plus en former qu'un seul, qui, après avoir
fait mille détours et franchi de nombreux rapi-
des, va se jeter dans le Kour, à peu de distance
de la mer Caspienne. Nous sommes à cinq ou
six mille pieds au-dessus du niveau de la mer.

Edch-Miazzinn, les Trois-Églises, est la métro-
pole des *orthodoxes* arméniens, la demeure du
catholicos ou plutôt du patriarche de l'Arménie,
reconnu par ses adhérents comme pape et suc-
cesseur du grand saint Grégoire.

Dans un vaste enclos de quatre ou cinq cents
pas de long sur deux cents de large, planté
d'arbres énormes et entouré de murailles hautes et épaisses, s'élève le couvent, construction
sans style, où demeure le métropolitain, à la
dévotion du gouvernement russe. Il a auprès
de lui un certain nombre d'archevêques et
d'évêques et une centaine de moines. De loin,
on prend ces vieilles murailles noircies pour
une forteresse.

Ce monastère renfermait autrefois un trésor
et des reliques d'un grand prix, plus riches

Grégoire XV

même que le trésor de la cathédrale de Cologne.
Entre autres choses d'une grande valeur artistique, on y voyait des vases d'or et d'argent
incrustés de diamants, de pierres précieuses
et, parmi les reliques, le bras droit de saint Grégoire, le fondateur d'Edch-Miazzinn, une côte de
saint Jacques, apôtre et ancien évêque de Jé-
rusalem ; un doigt de saint Pierre, deux doigts
de saint Jean-Baptiste, puis les ossements d'une
trentaine de religieuses qui avaient souffert le
martyre pour la foi ; puis la tunique sans cou-
ture de Notre-Seigneur Jésus-Christ ; la lance
avec laquelle on lui a percé le flanc, deux clous
des pieds, un morceau énorme de la vraie croix.
Tous ces objets, enchâssés d'or et d'argent, incrustés de gemmes d'une grande valeur, ont été
enlevés par le shah Abbas, en 1589.

De ces trois églises, la plus importante
et la plus remarquable est celle que l'on
voit au milieu de l'enclos, construction massive,
bâtie en pierres de taille du pays et en
briques. Ce temple est sombre. Il y avait
autrefois de grandes fenêtres, on les a fait

murer : l'obscurité aide au recueillement. La
voûte est soutenue par des piliers d'une
hauteur moyenne (dix mètres environ), peut-
être moins, sans aucune ornementation, ni
peintures, ni sculptures. Cette sobriété d'architecture rappelle les temples grecs et
orthodoxes qui, on le sait, sont d'une extrême
simplicité.

L'orthodoxie arménienne bannit de ses
temples tout ce qui peut présenter le caractère
d'une peinture ou d'une sculpture. La longueur
de la nef est d'une quarantaine de pas sur
quinze de largeur. La coupole est terminée
par un clocher pentagonal. De chaque côté
de la façade deux clochetons de même style.

Ce couvent, dont les appartements sont
adossés à la muraille de l'ouest, renfermait
jadis une bibliothèque riche en manuscrits
grecs et arméniens, dont les Russes se
sont emparés ; en vertu de la loi du plus
fort, ils ont à peu près pillé le couvent et
l'église. Il existe une imprimerie qui ne

sert plus aujourd'hui qu'à reproduire des
ouvrages de liturgie orthodoxe. Les tables
et les bancs du grand réfectoire sont en
pierres froides du pays. Sous les arcades ména-
gées dans la muraille de l'est sont les cellules
des moines.

L'histoire russe rapporte comme un fait
d'armes des plus glorieux la prise d'assaut
de ce couvent par le général Paskewitsch,
comte d'Erivan, prince de Warsovie. — On sait
à la suite de quel exploit. — Quelle belle page
en effet dans la vie de ce général que de
s'être emparé de ce monastère sans défense
et sans défenseurs.

La deuxième église est en dehors du
couvent, dans la plaine sur la droite, et
tout à fait isolée ; elle est sous le vocable de
Sainte-Cayane, dont le corps est enfermé
dans un caveau sous le maître-autel. A la
porte de ce caveau est une pierre en granit
de la dimension d'un pavé : c'est avec cet
énorme caillou que cette sainte fut marty-

risée et lapidée. Dans un autre tombeau à côté sont enfermés les ossements de plusieurs autres saintes, également massacrées à coups de pierres, mais dont aucune épitaphe n'indique le nom.

La persécution des premiers chrétiens ne fut point localisée dans les provinces bordant la Méditerranée et en quelque sorte sous les yeux de Rome ; elle s'étendit partout au delà de la mer Noire, dans les montagnes de l'Arménie, dans le fond des Gaules, en Espagne, sur les bords du Rhin. Je me rappelle avoir vu, il y a quelques années, à Cologne, dans une petite église dédiée à sainte Ursule, je crois, les crânes des onze mille vierges entassés derrière les grilles des logettes du chœur.

Dans les plaines qui s'étendent autour d'Edch-Miazzinn, et sur une grande partie du plateau, on fait beaucoup de bétail : chevaux, moutons, chèvres, vaches; le gibier y abonde : sangliers, coqs de bruyère, perdrix, faisans, superbes passages de bécasses, bécassines, etc., etc.

On y cultive aussi la plupart de nos fruits d'Europe. Ai-je besoin de dire que l'on cultive la vigne dans le pays même où Noé la planta en sortant de l'arche? Je dois cependant faire remarquer que, sur ce plateau, et dans toutes les vallées des alentours, même au delà d'Erivan, les vignerons enterrent leurs vignes en hiver, comme, à Argenteuil, on enterre les figuiers. Le vin est bon, mais se dépouille promptement. En cela il est de même nature que les vins d'Italie, des Apennins et des provinces de Naples, qui, du matin au soir, en quelques heures, laissent un dépôt très notable, ce qui s'oppose très probablement au transport hors du pays.

La légende rapporte que c'est dans l'église de Sainte-Cayane que Jésus-Christ apparut à saint Grégoire et lui ordonna de bâtir, sur ce plateau, un véritable désert, la grande

église d'Edch-Miazzinn, dont il traça lui-même
le plan avec tous les détails.

Devant l'autel consacré à sainte Cayane,
on voit une pierre à peu près carrée, un
peu en saillie, et qui est un objet de vénération dans le pays. L'origine de ce culte date,
dit une autre légende, des premiers temps
de saint Grégoire. C'est là que Jésus-Christ
apparut à ce saint homme, sous la forme d'une
flamme et qu'il fit un trou profond, inson-
dable, allant, — affirme la légende conservée
par les moines du couvent, — jusqu'au
fond des enfers, trou par lequel il précipita
tous les diables qui infestaient le pays. Il
faut croire qu'ils étaient nombreux puisque,
pendant quarante jours, ce fut comme un
immense défilé venant s'engouffrer dans ce
trou enflammé. Depuis lors, il paraît qu'il n'y
a plus de diables en Arménie.

La troisième église est également hors du
couvent et sur la gauche, dans le fond de la
plaine, mais pas plus éloignée que Sainte-

Cayane; elle est beaucoup plus petite et exactement du même style.

On se demande pourquoi trois églises sur ce plateau, dans une plaine presque déserte, où il n'y a point un seul village ni même un hameau.

Aucun de ces temples n'a les proportions que les races latines donnent aux leurs dans l'Europe occidentale. Le génie romain a laissé de puissantes empreintes dans ces montagnes.

Les Romains ne faisaient grand que pour les choses du peuple : cirques, thermes, arènes, etc., etc.; mais pour ce qui était de leurs temples, ils avaient l'esprit mesquin, ils bâtissaient des kiosques, par exemple le temple de Tivoli, celui du Forum de Rome, et cent autres. Le Panthéon, seul, qui n'était point d'ailleurs destiné au culte, avait de plus grandes proportions.

Dans les dépendances du monastère est une

hôtellerie où, de même qu'au couvent de Wal-
lombroza, en Toscane, à quelques lieues de Flo-
rence, on héberge gratis pèlerins et voyageurs
qui se présentent ; mais, au moment de partir,
on leur présente, au bout d'un bâton, un sac où
chaque convive est prié de laisser son obole.

Les moines nous accueillirent avec urbanité.
Quelques-uns parlaient un peu le français, assez
pour se faire comprendre et nous comprendre.
Les voyageurs et les pèlerins sont si rares que
nous fûmes fêtés comme de vieux amis, et
l'amitié de nos hôtes se montra d'autant plus
cordiale, quand nous leur apprîmes que nous
avions, l'un et l'autre, séjourné en Russie un
bout de temps. Ils parlaient russe, et nous savions
autant de cette langue qu'eux de français.

Nous passâmes quatre jours chez ces excellentes gens. Nous fûmes nourris de *pillau* sous
dix formes différentes : au beurre, aux groseilles,
aux framboises, aux fraises, aux pistaches, aux
raisins, aux coings, à la cannelle ; on nous servit
du mouton rôti, du poulet et des pigeons en

purée, des ragoûts, des œufs, du gibier, perdrix
et lièvres. On nous recommanda une boisson
soi-disant très nourrissante et très tonique,
le *chorbe*, bouillon de poulet et de pigeon,
horrible liquide que, par politesse, nous dûmes
avaler. On nous donna aussi du vin.

Les mœurs et les coutumes des Arméniens
sont à peu près les mêmes que celles des
Russes, également orthodoxes, excepté toutefois en ce qui concerne les cérémonies du mariage. Arméniens et Arméniennes s'épousent
sans s'être jamais vus. Il en est de même chez
la plupart des Orientaux, où la femme est un
être sacré et a la figure constamment couverte
d'un voile.

Ce sont les mères des jeunes gens qui con-
cluent le mariage entre elles. Une fois les con-
ventions bien arrêtées, elles en font part à leurs
maris, qui n'ont plus qu'à approuver. Alors la
mère du fiancé présente un anneau pour la
fiancée, le curé bénit cette première maille du
mariage et chacun se retire chez soi.

Trois ou quatre jours après, toute la noce, ayant en tête la promise, toute voilée des pieds à la tête, montée sur un cheval, suivie de toute sa parenté et de ses amies, armées de cierges, s'achemine vers l'église ; de son côté le futur s'y rend avec la même escorte. Arrivés sous le porche du temple, le sacristain les introduit et les conduit à la chapelle où la cérémonie a lieu.

Les époux, au pied du maître autel, la femme toujours voilée — s'appuient front contre front ; le prêtre leur place sur la tête un grand in-folio, c'est la Bible, qui y reste tout le temps que le prêtre lit les formules du mariage terminées par la lecture de l'Evangile.

La cérémonie se termine par ce question-naire du prêtre :

— Toi, femme, prends-tu pour mari l'homme ici présent?

— Et toi, un tel, prends-tu pour femme cette fille ici présente?

Tous deux répondent oui par une inclinaison de la tête.

La noce remonte à cheval et retourne vers la demeure du père du marié, où un grand festin l'attend, les hommes ensemble, les femmes dans une autre pièce. Quelques jours après, la mariée donne un repas à ses amies, et le lendemain c'est le mari qui reçoit les siens.

Nous venions d'assister à un mariage dans l'église de Sainte-Cayane. En franchissant le seuil du temple, nous avions remarqué un objet étrange, un grand sac de grosse toile, cousu de toute part, et renfermant une chose que ses reliefs ne nous permirent pas de deviner. Il y avait bien une trentaine de personnes attristées autour de ce colis, semblant attendre leur tour pour entrer dans l'église.

La noce partie, les hommes prirent cet énorme colis et l'introduisirent au milieu d'une nef latérale. Le même prêtre qui avait fait le mariage vint jeter de l'eau bénite sur cette chose... qui était un mort. Après les prières d'usage les hommes enlevèrent le cadavre, le portèrent au cimetière à cent pas de là.

CHAPITRE III

D'Edch-Miazzinn, nous nous acheminons, en suivant le cours de la Tannga, vers Erivan.

Dans la traversée des villages, nous remarquons que l'on cultive la vigne de la même façon qu'aux Trois-Eglises, c'est-à-dire qu'on enterre les ceps pendant l'hiver. Les asperges se montrent très nombreuses le long des berges, ainsi que les artichauts à l'état de nature. La fleur et le fruit sont petits, à peine de la grosseur d'un œuf de poule. Nous avons la curiosité d'en manger, ils sont d'une amertume désespérante. Ce chardon ne devient comestible que par la culture. De très jolies petites lilia-

cées de toutes les couleurs tapissent les prés,
au milieu des anémones qui se montrent ici
ce que nous les voyons dans nos jardins
d'Europe, très variées. Les lézards, en grand
nombre, sont d'une grande beauté : il y en a
de rouges, de gris perle, de vert émeraude,
de jaune d'or. Il est fâcheux que l'on n'ait point
encore découvert le moyen de les empailler, en
leur conservant leurs brillantes robes. En fait
de reptiles venimeux, nous n'avons vu jusqu'ici
qu'un serpent jaune, très dangereux, dit-on.
Il était pacifiquement étendu le long d'une
taupière et ne sembla pas s'émouvoir du bruit
de nos mulets. Marius lui envoya un coup
de fusil. Quoique le reptile fût coupé en
quatre tronçons, la tête, à laquelle il ne restait
plus qu'un bout du corps, sautillait et ouvrait
une mâchoire hideuse. Plus loin nous croi-
sons un paysan revenant de la pêche, avec de
magnifiques anguilles longues d'un mètre
et une corbeille d'écrevisses mouchetées de
rouge.

Nous entrons la nuit à Erivan, que les

Russes possèdent depuis 1828; ils y ont construit deux forteresses pour la mettre à l'abri du retour des Persans, qui, eux aussi, rêvent une revanche. Ajoutons qu'ils y ont tout de suite élevé cinq ou six églises, dont les dômes et les murailles sont badigeonnés de couleur tendre. Le seul souvenir que nous laisse Erivan est celui des monstrueuses truites que l'on nous a servies pour souper le soir même de notre entrée.

Dans un village voisin, sur la route de Lencoran, que nous suivons, est un grand couvent orthodoxe, qui jouit dans le pays d'une réputation de sainteté aussi grande que Saint-Jacques de Compostelle, disent les naturels.

C'est à l'endroit même qu'il occupe, ajoutent-ils, que Noé fit sa première prière en quittant l'arche, qu'il planta le premier cep, et fit un sacrifice à l'Eternel. Plus loin, en traversant une grande plaine coupée par plusieurs ruisseaux, nous passons auprès d'un village, au milieu duquel est le puits de saint Grégoire;

l'orifice est auprès de la porte de l'église; on y descend par une échelle d'une trentaine d'échelons. D'après une légende, c'est au fond de ce trou que, sur l'ordre d'un roi d'Arménie, dont on ne dit pas le nom, le grand saint Grégoire fut interné pendant plusieurs années, ne recevant d'autre nourriture que celle qu'une sainte et charitable femme de l'endroit lui descendait chaque nuit au moyen d'une corde, et n'ayant d'autre société qu'une légion de cérastes à tête cornue, que ce saint exorcisa et auxquels il apprit à faire des exercices prodigieux.

Saint Grégoire, continue la légende, serait certainement resté toute sa vie au fond de ce puits, sans un accident imprévu et tout à fait extraordinaire qui survint dans la santé du roi. Tout à coup, à la prière de son prisonnier, il fut subitement, au milieu d'un festin splendide, changé en porc!!! Mais, malgré cette étrange métamorphose, ce prince conservait parfaitement l'usage de la parole. Soupçonnant que son infirmité lui venait en punition du traitement infligé à saint Grégoire, il fit offrir à

ce grand saint de lui rendre la liberté; celui-ci
refusa.

Le roi offrit de se faire orthodoxe; le traité
fut accepté et, à l'heure même où Grégoire sor-
tait de son puits, l'autre quittait la peau du
porc.

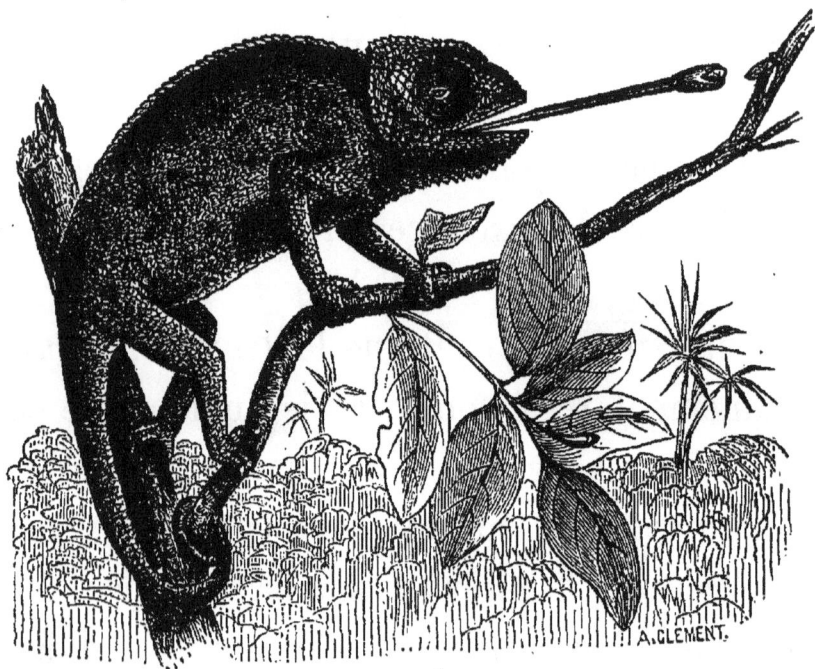

Caméléon.

Les alentours d'Edch-Miazzinn sont infestés
de caméléons. Cette espèce de lézard est affreu-
sement laid et de forme et de couleur, bien qu'il

ait la faculté, dit-on, de la faire miroiter à sa
fantaisie. Rien n'est plus bizarre que de voir
ces petits animaux, tout à fait inoffensifs, tourner
en tous sens leurs yeux, perchés tout au bout
d'une membrane rappelant par sa flexibilité les
cornes des escargots.

Dans notre marche de nuit, par un clair de
lune splendide, nous traversons un champ plein
de tombeaux en ruine ou à peu près, puis une
plaine où nous marchons sur une substance
blanche qui tapisse le sol à perte de vue; c'est
du sel, probablement un ancien marais desséché. Cette particularité se présente souvent en
Perse.

Le matin, les premiers rayons du soleil
illuminent les montagnes, et peu à peu les deux
Ararat montrent leurs silhouettes dominant
tous les autres pics. Une heure plus tard, la
brume se dissipe, et nous jouissons d'un spectacle vraiment imposant. Les habitants de la
plaine que nous traversons affirment que l'arche
de Noé s'est arrêtée sur le sommet du grand

Ararat et qu'elle y est encore, mais que, pour le moment, la neige la couvre entièrement; quand elle sera fondue on distinguera parfaitement la carcasse.

— Mais à quelle époque de l'année la neige commence-t-elle à fondre? demandons-nous.

— A quelle époque?... mais la légende dit qu'elle ne fond qu'une seule fois tous les mille ans !

Personne, ajoutent-ils, n'a jamais pu monter jusque-là. Un moine, du nom de Jacques, venu d'Edch-Miazzinn tout exprès pour y monter, fit vœu que, s'il parvenait au sommet, il offrirait à l'autel du grand saint Grégoire une superbe croix d'or massif.

Bien résolu à accomplir son projet, au risque de la vie, il partit donc un matin, emportant plusieurs galettes et une bouteille de vin. Le soir, ayant à peine fait cinq cents pas dans la montagne, il se sentit fatigué, mangea ses ga-

lettes, but sa bouteille de vin et s'endormit. Le
lendemain, en se réveillant, il se trouva à son
point de départ, et sa bouteille vide. Par quel
étrange miracle était-il descendu?... C'était donc
à recommencer. Pendant sept jours, il persista
dans son entreprise; mais, chaque soir, après
sa collation et sa bouteille vidée, il s'endormait
et il se réveillait toujours à l'endroit d'où il était
parti. Le diable s'en mêlait. Il exorcisa le diable
et recommença l'ascension, et encore une fois
il se retrouva le lendemain au bas de la montagne.

Dieu, disent les gens du village, frappé de la
patience de ce moine, prit en pitié son zèle et
son vœu; il lui envoya un ange avec qui il
tint à peu près la conversation suivante :

— Pourquoi persistes-tu à voir l'arche de
Noé?... Tu n'y crois donc pas?

— Si, j'y crois comme je crois à Dieu.

— Alors?...

— Pour enlever un morceau de la charpente de l'arche.

— Que veux-tu en faire?

— Le consacrer, et le mettre par petits morceaux à la dévotion des pèlerins et convaincre les incrédules.

— Ignores-tu que Dieu a dit que nul homme ne monterait jusque-là?

— J'ai prié le grand saint Grégoire de demander à Dieu de lever l'interdiction.

— Puisque tu penses être utile à la religion, attends-moi ici demain matin, je t'apporterai ce que tu souhaites.

En effet, le lendemain, au petit jour, comme le moine sommeillait encore, l'ange lui descendit une pièce de bois enlevée au flanc de l'arche.

Devant cette pièce énorme, que dix hommes

eussent eu beaucoup de peine à soulever, le moine resta pensif.

— Comment ferai-je, se demanda-t-il en se grattant la tête, comme pour en faire jaillir une idée, comment ferai-je pour l'emporter au couvent?

— Comment! tu avais la patience de monter sur l'Ararat, d'un accès si abrupt et si difficile; tu as, dix jours de suite, tenté l'ascension; tu n'aurais pas la patience de déchirer par morceaux cette pièce de bois?

Ce disant, l'ange disparut, traversa les airs en emportant la pièce de bois sous son bras pour la replacer où il l'avait prise.

Mais, pour ne pas humilier ni décourager le moine, l'ange inspira au grand saint Grégoire d'en faire un évêque. Ce moine mourut en état de sainteté et ses deux bras sont conservés dans le trésor des Trois-Églises.

Les gens du village devaient évidemment con-
naître plus d'une légende se rattachant à l'arche
de Noé et à Noé lui-même. Nous leur deman-
dâmes s'ils ne pourraient pas nous expliquer comment vint le déluge, que les Arméniens connais-
sent sous le nom de *Tyr-fer el tenour ber cufé*.

— Le déluge, nous dirent-ils, avait été annoncé
à Noé bien des années auparavant, afin qu'il
eût le temps, lui, ses fils et ses gendres, de
construire son arche, ce qui n'était point une
petite affaire. Mais Dieu, qui veillait sur lui,
envoyait chaque nuit des anges qui coupaient
le bois, le sciaient, l'ajustaient de telle sorte que
le patriarche n'avait plus qu'à assembler les
pièces. Lorsque l'arche fut prête, tous les animaux de la terre arrivèrent par paires et entrè-
rent d'eux-mêmes. Lorsque Noé y fut entré à son
tour avec sa famille, et qu'il en eut fermé toutes
les issues, le déluge commença par une saillie
d'eau sous le four d'une vieille femme qui avait
blasphémé toute sa vie. De la terre, percée de
trous comme une vrille, jaillirent des bouillons
d'eau qui inondèrent le monde.

Le sommet de l'Ararat, en forme de cône
tronqué, est inaccessible. On en a tenté plusieurs fois l'ascension inutilement, il a fallu y
renoncer. La cause de cette difficulté est due à
la neige glacée, qui ne fond, dit-on, que tous
les mille ans.

Plus on descend vers la mer, plus la température se fait intense; mais c'est toujours le
même cahot, les mêmes bouleversements du
sol. Nous traversons la petite ville de Merann.
Nos *moucres* nous racontent une nouvelle légende. C'est dans ce bourg que Noé fut enterré.

Est-ce à cause des vastes champs de vigne
qui l'entourent de tous les côtés que l'on a placé
là sa sépulture? C'est bien possible. Sur les
pentes des collines, sur les terrasses des
rochers, partout où il y a un coin de terre, on
cultive la vigne avec succès. Les habitants
font du vin et le boivent. Il est vrai que les
neuf dixièmes sont Arméniens.

C'est, dans un village, sur le chemin de Me-

rann à Tabritz, que le fils de Tobie vint, conduit
par un ange, épouser Sara.

En longeant l'Araxe pour descendre à Lencoran, on nous montre, dans le fond de l'horizon,
une montagne pointue, ou plutôt un vaste cône
de rochers au milieu d'une plaine complètement
nue où, malgré de bonnes lorgnettes, nous ne
saisissons pas le moindre brin d'herbe. C'est
le Guetnaz, nous dit notre moucre.

Qu'est-ce que c'est que le Guetnaz?

C'est un endroit très dangereux ; ceux qui
ont la curiosité d'aller le voir n'en reviennent
jamais. On y a envoyé des chevaux, des chameaux, des mulets, on ne les a jamais revus.

Cette montagne, au milieu de cette plaine, est
le produit d'une poussée plutonienne, et il est
à croire que les champs qui l'entourent sont des
marais de naphte et des terrains mouvants.

En approchant de la mer Caspienne, les ruines

se multiplient, la plupart cachées dans les hal-
liers. Parmi ces décombres, on remarque d'innombrables pans de murs, des restes de temples,
d'églises, et entre autres d'un temple parsis, que
l'on devine à ses quatre tronçons de cheminée.

La caravane fait halte au pied d'un caravansérail où il ne nous est pas possible d'entrer;
tout y est occupé par une caravane qui nous a
précédés. Nous sommes sous les murs de Kom,
une ancienne cité prospère et riche ; la moitié de
la ville est tombée tout à coup, s'enfonçant à
quelques centaines de pieds sous terre. La partie
la plus intéressante est restée debout; elle renferme des mosquées d'une grande richesse, les
tombes de plusieurs rois persans enveloppées
de grilles d'argent massif, dont les ciselures sont
réellement d'un fini fabuleux; les pierres les
plus précieuses y sont prodiguées : jades rares,
albâtres, porphyres comme on n'en voit plus
nulle part. Dans l'une des mosquées est le tombeau de Fatime, parente d'Ali, pour laquelle
les Persans ont une grande dévotion. Ce tombeau est aussi d'une magnificence fabuleuse. On

évalue à un million de kilos l'or et l'argent dont il est orné.

C'est dans la ville de Cachan que sont enterrés tous les descendants d'Ali ; ils sont nombreux et se chiffrent par plusieurs milliers. Nous la laissons à quelques lieues de nous sur la droite, nous avons hâte d'arriver à Lencoran, où nous devons changer de caravane.

Chaque pays a sa plaie. Ici ce sont les cérastes, petites vipères cornues dont le venin est terriblement dangereux. Cependant ce reptile, d'une nature très apathique, ne mord que quand on le dérange ; mais on en trouve jusque dans les maisons habitées, sous les meubles, sous les lits : il se fourre partout. Il est, disent les habitants, susceptible d'éducation. Beaucoup de personnes en ont éduqué : elles en font ce qu'elles veulent, les prennent, les mettent dans leurs poches et ne les redoutent pas. Je ne me fierais pas à l'amitié de ces animaux. Ailleurs on rencontre d'innombrables scorpions, plus loin des

moustiques insupportables, de gros frelons de
la force d'un hanneton, dont la piqûre est si redoutable qu'un chien piqué par trois ou quatre
de ces coléoptères succombe en quelques minutes.

CHAPITRE IV

LENCORAN. — LA CARAVANE

Enfin, après dix-neuf jours de marche, nous arrivons à Lencoran, où une longue caravane s'organisait et était à la veille de partir pour Ispahan, Shiraz et Bender-Abassy, sur le golfe Persique, appelé aussi mer *Vermeille*.

Une caravane n'est point chose facile à organiser. Ceux qui doivent s'y incorporer ont à faire des provisions de vivres pour eux-mêmes d'abord, ensuite pour la bête qui doit les porter, et qu'il faut acheter de ses deniers.

Chacun choisit le genre de monture qui lui est le plus sympathique. Mon ami Marius choi-

sit un cheval. Je préfère le chameau : c'est un
animal moins embarrassant, moins difficile à
nourrir durant une course de près de trois cents
lieues, et dont les étapes ne sont que de trois
ou quatre lieues, quelquefois plus, quelquefois
moins, selon que l'on chemine dans les montagnes ou dans les plaines. Le chameau vaut mieux
que toute autre monture. D'abord on est perché
plus haut, on voit de plus loin, seulement on a
du tangage : c'est une habitude à prendre ;
enfin on le range toujours en tête de la caravane, les chevaux et les mulets en queue. La
raison de cet arrangement est que les pieds de
cet animal foulent le sable, et que le cheval en
trottinant le soulève. Si ce dernier marchait en
tête, toute la caravane se trouverait enfarinée
comme une limande, avant la fin de la première heure de marche. Les voyageurs seraient
momifiés en quelques heures.

Le jour du départ arriva. Règle générale :
pour échapper à la chaleur de fournaise du jour,
on se met en route au déclin du soleil. Toutes
les bêtes rassemblées : trente-trois chameaux,

Tantôt la caravane formait un long ruban.

quarante-sept chevaux, à peu près le double de mulets, total deux cents quadrupèdes dans un pêle-mêle rappelant une foire. Les chevaux hennissaient, les chameaux braillaient. Le conducteur (*Kattirchy*), perché sur la haute sellette de sa monture, donne le signal du départ. Marius enfourche sa bête. Je me fais hisser sur la mienne, à quatre mètres au-dessus du sol, et en route!

Nous avions dans notre caravane des musiciens ambulants et des danseuses en costumes pailletés, en guenilles. Les uns ont des tambours de basque, les autres des flûtes, ceux-là des orgues de Barbarie. Des orgues pour traverser le désert! cette adjonction n'est point aussi inutile qu'on s'imagine, on le verra par la suite.

Pendant les premières heures les chameliers chantèrent sur un rythme primitif. Ce genre de musique manque complètement de gaieté, mais il fait marcher nos montures. Nous cheminons jusqu'à minuit. La lune nous éclaire

splendidement. On laisse reposer les animaux
et nous prenons le thé ou le café, chacun selon
son goût. Nous reprenons notre marche à deux
heures, jusqu'à sept heures du matin. Nous
campons auprès d'un ruisseau; vers onze
heures, le soleil nous envoie des rayons de feu.
Ceux qui ont des tentes les dressent; mais,
moins d'une heure après, ils en sortent pour se
mettre à l'ombre des rares buissons qui bordent
le cours d'eau.

Vers le déclin du soleil on se remet en route
après une solide collation. Le soleil tombe rapi-
dement dans ces pays voisins des tropiques. A
six heures la nuit se fait, la lune apparaît, et les
chants recommencent. Une heure après chacun
se tait, Marius et moi nous essayons de dormir
en marchant, sans songer qu'un faux mouvement de notre monture peut nous faire tomber;
le froid de la nuit nous tient éveillés. La fraîcheur est excessive sous ces climats et se
traduit par une rosée pénétrante et glaciale.
Pour se garantir des ophtalmies si redouta-
bles dans ces solitudes, on se couvre les yeux

avec un morceau de mousseline. Cette transi-
tion brutale d'une journée de fournaise à une
nuit polaire me rappelle ces paroles de Jacob à
Laban : *Le jour je succombe à la chaleur et la
nuit je grelotte de froid;* et ces autres du prophète Isaïe : *Le ciel m'a refusé la rosée, et la
terre ses fruits.* Dans ces contrées asiatiques, où
le sol est si rarement arrosé par des pluies, ces
rosées abondantes lui redonnent de la sève. Sans
l'humidité des nuits, les arbres ne produiraient
point de fruits, les plantes ne pousseraient pas
à graine, la terre resterait stérile.

Les provisions dont il est urgent de se munir
pour ce genre de traversée, qui se fait si lente-
ment, se composent invariablement de riz, de su-
cre, de farine, de sel, de poivre, de vinaigre,
d'huile, de maïs, de vin, d'eau-de-vie et surtout
de citrons. A certains endroits, on trouve dans
les haltes, auprès des villages, des poules, des
agneaux, du fromage de brebis, des fruits, des
pastèques. Ce genre de courges est de toute né-
cessité : sa pulpe rose et juteuse, légèrement
sucrée, d'un goût exquis, conserve toujours une

fraîcheur délicieuse. Un seul de ces fruits de
moyenne taille suffit à désaltérer trois personnes.

Les musulmans ont une vénération particu-
lière pour le bananier, la pastèque et le palmier.

Le bananier, cette plante bizarre, qui forme
dans la nature un genre végétal unique, est,
pour les populations des contrées où il croît,
un véritable présent du ciel. Son tronc, haut de
sept à huit pieds, rarement davantage, gros
comme la jambe, est formé par la base cylin-
drique de ses feuilles d'un vert d'émeraude, qui
s'allongent en forme de cornets, puis s'élargis-
sent, et s'infléchissent pour laisser passer une
grappe de fleurs violacée avec des teintes jaunes
et lilas. Elle se développe en volute, au fur et
à mesure que le *régime* s'allonge, et, derrière
chaque bouquet de pétales qui s'effeuillent et
tombent, laisse à découvert une série de cou-
ronnes de fruits dont la forme ressemble à une
vitelotte.

Un *régime* a quelquefois dix et douze cou-

ronnes contenant chacune de quinze à vingt
gousses d'un beau vert d'abord, puis tournant
au jaune d'or quand elles sont arrivées à maturité, puis brunes et noires quand la maturité
est excessive. Chaque gousse renferme une
substance farineuse, très parfumée. Cet arome
n'est peut-être pas du goût de tout le monde,
mais le fruit est très nourrissant et très sain.
Cette substance farineuse est divisée en nervu-
res, qui semblent représenter une croix grec-
que mal formée, quand la gousse est coupée
par tranches.

Les Portugais et les Espagnols prétendent
que c'est là le fruit défendu dont parle l'Ecriture, et que le premier homme vit, en le man-
geant, le mystère de la rédemption par la croix.

Le bananier ne porte qu'une seule fois des
fruits sur la même tige. Le fruit tombé ou
cueilli, la plante décline, sèche et meurt. Mais
de sa racine bulbeuse, sortent des rejetons qui,
l'année suivante, donnent à leur tour de nouveaux
fruits.

De telle sorte que là où un bananier a été planté, une forêt de ces mêmes plantes peut s'y former avec le temps.

Crues ou cuites sous la cendre, les bananes sont un excellent manger qui serait supérieur aux dattes si elles pouvaient se conserver comme celles-ci.

« Le bananier, a dit Mahomet, est la seule
« chose sur la terre qui ressemble à quelque
« chose du paradis, parce qu'il donne des fruits
« en toute saison. J'aurai toujours les yeux sur la
« postérité de celui qui plante des bananiers. »

C'est sans doute pour que Mahomet veille sur eux que tous les paysans des pays chauds en plantent autour de leurs demeures.

« La pastèque est tombée du paradis, dit en-
« core le prophète. Elle sert de boisson aux enfants
« du désert aussi bien qu'à ceux des contrées fer-
« tiles. Elle est le soutien de la vie. Dieu ac-
« corde mille bonnes actions, en efface mille

« mauvaises à celui qui donne aux pauvres une
« bouchée de pastèques. »

« Le palmier, a dit encore Mahomet, est le roi
« des plantes utiles à l'homme, c'est le père des
« oasis. Sa tête est toujours dans le feu du ciel
« et son pied dans l'eau. Honorez votre oncle
« paternel le palmier, car il fut créé de la même
« terre dont Adam fut formé. Celui qui plantera
« un palmier occupera la meilleure place dans
« le paradis ; car il est l'emblème de l'homme :
« si on lui coupe la tête, il meurt ; si on lui coupe
« une branche, elle ne repousse plus. »

Que ceux qui seront surpris détruisant un
« champ de pastèques, un bananier, un palmier, soient lapidés et mis à mort comme un
chien enragé, car ils ont détruit ce que Dieu a
créé de plus utile à l'homme. »

Chaque matin, on campait autour d'un ruisseau ou d'un puits. Les chameaux pliaient leurs
jambes de devant, puis celles de derrière, et on
les déchargeait. On allumait des feux avec des

roseaux ramassés dans le voisinage. On se
groupait, les musulmans d'un côté, face à
l'Orient, les parsis en sens contraire, les chrétiens formant un cercle à part ; chacun s'abri-
tait comme il pouvait. Les chameliers, noirs
comme des diables, allaient, venaient, juraient,
vociféraient et passaient leur rage et leur colère
sur le dos, les épaules ou les flancs écorchés
des pauvres bêtes, dévorées par les mouches, et
dont les cris formaient des points d'orgue au
milieu de ce concert infernal.

A la clarté fumeuse des canouches, on voyait
les têtes immobiles des chameaux accroupis,
dont la bosse et la tête se détachaient en silhouettes rougeâtres comme ces figures de sphinz de
granit d'Egypte, émergeant des sables. Bêtes et
hommes apparaissaient à travers ces flammes
comme autant d'ombres sortant de l'enfer, et
nous songions à l'enfance du monde, à ces rois
pasteurs, à leurs tentes, à leurs troupeaux, à
leurs stations dans les déserts et les montagnes.

A cette scène dantesque s'ajoutait une musi-

que sauvage de tambours de basque, de clai-
rons, d'orgues de Barbarie, puis les chants
traînards et chevrotants des musulmans. C'était
un spectacle saisissant qui me donnait la chair
de poule, mais que je ne regretterai jamais
d'avoir vu. Bientôt la fatigue, le besoin de sommeil obligea tout le monde à se reposer.

La tête appuyée sur le dos de mon chameau,
je regardais sourire les étoiles, *ces fleurs du
firmament,* comme disent les poètes persans.

Après un repos de quelques heures, on se
remit en route à travers les accidents de terrain
les plus singuliers et des aspects de paysages
indescriptibles.

Les défilés, les ravins, les rampes étroites
des collines, les plaines, les vallons, les rivières
traversées à gué, les contours des rochers et des
montagnes que nous longions chameau par chameau, cheval par cheval, mulet par mulet, en
un mot la caravane formait un grand ruban qui

se déroulait en zigzags fantastiques le long du chemin.

La nuit, à travers ces solitudes, et marchant l'un derrière l'autre, un à un, on n'a d'autre distraction que celle de contempler le ciel, dont les constellations d'une limpidité d'escarboucles se détachent comme une pluie d'étincelles, auxquelles se joignaient, plus près de nous, des myriades de lucioles, voltigeant autour des buissons, et presque autour de notre figure. La plus vive de ces étoiles, l'étoile polaire, la septième de la Petite Ourse, brillait d'un éclat scintillant, verdâtre, comme un glaçon des pôles et semblait être la plus profondément enchâssée dans l'immensité céleste. Auprès de sa radieuse splendeur, toutes les autres constellations : la Grande Ourse, le Dragon, la Lyre, Cassiopée, semblaient s'éteindre.

Au lever du jour, lorsque les premières et indécises lueurs de l'aurore commençaient à jasper l'horizon de teintes roses et lilas, les

sommets de l'Elbrouz, chargés de neige, se
détachent en violet dans le ciel.

Insensiblement le *roi d'or,* le père du pain,
comme disent les Persans, apparaissait; le ciel
se faisait gris de plomb et versait sur nous une
étouffante chaleur. Le roi du ciel pompait vite le
peu de fraîcheur que la nuit avait laissé tomber,
buvait la rosée, suçait l'humidité du sol, la sève
des plantes et des arbres, brûlait les champs,
calcinait les rochers, donnait à toute la végétation la couleur d'amadou, réduisait tout en
poussière. A mesure qu'il s'élevait, la température devenait insupportable. Je ne peux mieux
la comparer qu'à la vapeur embrasée sortant
d'un four de boulanger. La peau se séchait, les
glandes salivaires s'enflammaient et la soif se
faisait sentir avec une violence qui devenait
insupportable.

En attendant qu'on leur donnât à boire, nos
chameaux cachaient leur tête dans le sable, le
long de leurs flancs opposés au soleil; chevaux
et mulets faisaient de même.

Quand on campait auprès d'un village, les
cris des chameliers, le hennissement des chevaux mettaient tous les habitants sur pied.
Tous s'empressaient d'apporter des provisions :
lait de brebis, beurre, pistaches, raisins, miel,
confitures sèches, huile, tabac, qu'ils nous ven-
daient le plus cher possible.

Des mendiants efflanqués comme des fuseaux,
maigres, secs, parcheminés comme des momies,
à peine vêtus de chiffons, coiffés de bonnets de
peau de mouton noirs, râpés, venaient s'accrou-
pir près de nous, et demandaient l'aumône d'une
voix lamentable. Leur insistance me rappelait
celle des pauvres en Italie, qui s'accrochent
aux passants comme des chardons, et dont on
a toutes les peines du monde à se défaire.

Les enfants dansaient, cabriolaient comme
des Italiens, dont ils ont à peu près les mœurs
et le penchant inné pour le *farniente*. Beaucoup
d'entre eux portaient des traces profondes de la
petite vérole. La variole a fait de tout temps en

Un Kurde à pied.

Perse des ravages horribles, jusqu'à dépeupler des cantons entiers.

Des terrasses de leurs huttes, à demi cachées dans les arbres, des femmes voilées jusqu'aux yeux, avec des loques, nous regardaient et riaient de nos coiffures et de notre costume. Il en fut ainsi tout le long de la route.

Dès que les bêtes de somme étaient déchargées et qu'elles avaient à boire et à manger, tous les musulmans allaient se grouper autour d'un conteur.

Comme l'Arabe, son congénère, le Persan est bateleur. poète et musicien, fait des histoires interminables qu'il enchevêtre les unes dans les autres, de façon à faire durer la curiosité de son auditoire aussi longtemps que possible, des semaines, des mois, et chaque fois qu'il lève la séance en remettant la suite au lendemain, on lui jette quelques menues pièces de monnaie. L'Arabe, pas plus que le Persan, n'est d'une générosité ruineuse.

A mesure que le soleil s'élevait sur l'horizon,
l'atmosphère embrasée se faisait opaque, se char-
geait de vapeurs, s'agitait de ce mouvement
étrange qui semble faire vaciller le sol et danser les plantes, les blocs de rochers qui, en certains endroits, encombrent les chemins, petite
image de ce phénomène connu sous le nom de
mirage.

Lorsque cette vibration a lieu sur une surface plane de quelque étendue, elle simule assez
bien l'image d'un lac, d'une rivière ridée par
une petite brise, et les voyageurs qui cheminent
sur un sol plus élevé, croient voir des nappes
d'eau mouvementées par un courant d'air.
Seuls, les chameliers ne s'y trompent pas.

A ce moment, la nature est muette; les oiseaux,
cachés dans les aisselles des branches, se tiennent cois, haletants, le bec ouvert. Les reptiles
se réfugient sous les pierres, qu'il serait dangereux de déplacer. Leur venin est d'autant plus actif et redoutable que la chaleur est plus intense.

Mais, quand le jour tire à sa fin, les poumons fonctionnent plus librement, les fleurs et les feuilles se détendent, se redressent ; les houppes des roseaux, tout à l'heure infléchies comme des branches de saules pleureurs, se relèvent et s'ouvrent, pendant que les oiseaux recommencent à jacasser. D'innombrables phalènes scintillent dans l'air comme des étincelles sortant d'un sol embrasé.

Vers le milieu de la nuit, la rosée tombe abondamment, et la nature vivante, rôtie par cette température, semble renaître de ses cendres comme le Phénix de la fable.

De temps à autre, nous rencontrions sur la route, ou en dehors, des carcasses de chevaux, de mulets, de chameaux ou d'ânes, les unes blanchies par l'action du temps et presque pulvérisées; les autres laissées la veille ou l'avant-veille par les caravanes qui nous précédaient ou celles que nous avions croisées. Quelques-unes, en pleine décomposition, répandaient aux alentours une odeur fétide qui nous arri-

vait par bouffées. Des oiseaux de proie s'achar-
naient à les trouer et à les dépecer. Si ces fa-
rouches fossoyeurs emplumés n'existaient pas
en Perse, la peste y détruirait les populations.

Il est rare que, pendant le cours d'un voyage,
une caravane ne perde pas une ou plusieurs
bêtes de somme, succombant soit à l'excès de fatigue, soit à la morsure de cérastes. Heureuse-
ment que ce reptile n'est point aussi hargneux
que ceux de la forêt de Fontainebleau. Ces petits serpents, de forme aplatie, à peine de la longueur de l'avant-bras, et l'œil morne, me rappelaient ces paroles du Dante :

« Ces hydres verdâtres s'entortillaient autour
des tempes hideuses des féroces Erinnyes. »

CHAPITRE V

Nous cheminions depuis dix jours, tantôt à travers des espaces stériles, des gazons brûlés, des broussailles rissolées, des cailloux et des roches bronzés, longeant des plaines ou des cours d'eau, escaladant des mamelons, en descendant d'autres, tantôt traversant des villages, des champs de caféyers, des rizières enfiévrées, que l'on prend tout d'abord pour des champs d'orge inondés, tant la ressemblance est frappante, puis des enclos de pistachiers, couverts de petits fruits rougeâtres, allongés comme des prunes de Koetches.

Jusque-là, rien n'était venu troubler notre quiétude.

Si, parfois, nous songions aux brigands, c'était pour nous rappeler ceux de l'Opéra-Comique, habillés comme des grands seigneurs.

Le matin du onzième jour, par le travers de Téhéran, et à une quinzaine de lieues de cette nouvelle capitale des Sophis, comme nous entrions dans les montagnes du Zagros, tout à coup la caravane ralentit sa marche, puis s'arrête brusquement.

Ce n'était point l'heure de la halte.

La route faisait un coude ; nous entendons que l'on se dispute, que l'on sacre, que l'on hurle à la tête de la colonne. Nous sommes engagés dans le fond d'une étroite vallée, une écluse bordée de hauteurs boisées. Voici des hommes à cheval, en khalats, déguenillés, vêtus de pantalons de peau, de cuir rouge, festonnés du haut en bas de fils de soie, poisseux, horriblement maculés.

Ils sont une douzaine, armés de grands sa-

bres en croissant, de longs pistolets à crosse
ronde argentée, de canardières féeriques, ri-
chement cerclées et incrustées de pierres plus
ou moins précieuses, mais où le rouge et le vert
dominent. Chacun porte une lance sur le dos. Les
harnais des chevaux sont soutachés de plaques
de métal et agrémentés de fausses pierreries.
Ils étaient coiffés d'un singulier bonnet de peau
de mouton à longs poils, qui leur cachait la moitié
de la figure, ce qui les rendait encore plus farou-
ches et plus effrayants. Aux talons, des clous
longs d'un quart de mètre, en guise d'éperons,
ce qui leur permettait d'éventrer leurs montures
pour leur donner du jarret en cas de pour-
suite; puis, à la ceinture, pendaient plusieurs
objets : un sac à tabac, une boîte à poudre, un
briquet, des pierres à fusil, un couteau dans sa
gaîne, une gourde d'eau, une pipe, et que sais-
je encore?

Leur figure noire ou bronzée, comme celle
des Abyssins ou des habitants du Mozambique,
leur chevelure tombant en nattes sur les épaules,
rappelaient les peintures dont les cercueils de

momies sont décorés, leur donnaient un aspect
étrange, peu à leur avantage. C'étaient des Kurdes, descendus des montagnes du Zagros et de
l'Araoun, qui nous barraient le passage, pour
demander l'aumône, comme en Espagne, l'es-
copette à la main.

— Nous allons être dévalisés et pillés, dirent
des Anglais qui s'étaient joints à notre caravane,
et allaient à Bagdad, en compagnie de trois dames
dont deux demoiselles de vingt à vingt-quatre
ans.

L'une d'elles allait se marier à Bagdad avec
un de ses compatriotes, consul en cette ville.

Les Anglaises traversent le monde entier
sans plus de soucis et d'inquiétudes que s'il
s'agissait de venir de Londres à Paris. Elles
bravent tous les dangers, toutes les fatigues. Et
je dois ajouter qu'elles ne sont ni embarrassantes,
ni embarrassées, qu'elles s'accommodent et rient
de tout, ne se plaignent jamais, et là où une
Française pousserait des cris de paon, l'Anglaise

trouve à rire. Les incidents et les accidents d'un
voyage sont, disent-elles avec raison, des souve-
nirs pour les vieux jours. Les Anglais ne sont
pas amusants chez eux, dit-on. Il y a du pour et
du contre : j'en ai beaucoup connu dans mes
pérégrinations ; je me suis lié avec eux et je
n'ai jamais eu qu'à me louer de mes rapports
avec eux ; tous se sont montrés de gais et servia-
bles compagnons de voyage. Ils sont généralement instruits, observateurs intelligents, curieux
et gens pratiques. Tous, en voyageant, se com-
plaisent à rechercher tous les faits historiques
ou autres, toutes les légendes si absurdes qu'elles
soient parfois, mais capables de jeter quelque lumière nouvelle sur les mœurs, les usages, les
monuments, la législation des peuples qu'ils
visitent, sur l'industrie, le commerce, les productions du pays. En un mot ils scrutent, cher-
chent, observent, fouillent et écrivent ce qu'ils
ont vu et observé. De retour dans leur patrie, ils
trouvent vingt éditeurs pour imprimer et publier
leurs manuscrits. Et je dois dire que c'est sur
ces observations de chaque jour, de chaque année, que les gouvernements qui se succèdent en

Angleterre, puisent les documents qui leur sont
nécessaires pour éclairer, conseiller les industriels, étendre leurs relations et donner à leur
négoce un courant plus actif.

Nous autres, Français, combien comptons-
nous de voyageurs de cet acabit? Pas un seul.

Je reviens à mes Anglais qui s'apprêtaient à
faire reculer d'étonnement les bandits, en leur
tirant quarante coups de revolver en moins d'une
minute. A eux cinq — ils étaient trois femmes et
deux hommes — ils possédaient tout un arsenal
d'armes à tir rapide.

— Laissons-les d'abord s'expliquer avec le ca-
ravanbach, — un hadjy qui avait fait quatre fois
le voyage de La Mecque et qui comptait plus sur
l'intervention du prophète pour nous débarras-
ser des bandits que sur nos armes à feu, — dis-je
à mes compagnons de rencontre; attendons qu'ils
soient descendus de cheval. Un Kurde à pied a
perdu toute sa force et toute son insolence. Si
nous devons faire usage de nos armes, tuons
d'abord les chevaux d'une balle dans le ventre,

et nous aurons facilement raison des hommes.
Ce n'est pas la première fois que je passe en ce
pays, je connais les habitudes de ces routiers ;
laissons les moucres causer avec eux ; ça finira
bien. Prenons néanmoins nos précautions, ap-
prochons-nous des chevaux pour les examiner
de près, les flatter, nous extasier sur leurs formes ; cachons nos armes dans nos poches, et
attendez que je vous donne le signal de les tuer
et de tirer ensuite sur les bandits. En moins
d'une minute, tous, tous, entendez-vous, bêtes et
hommes, auront rendu l'âme, sans compromet-
tre la vie de personne.

Mes conseils furent écoutés. Nous nous rap-
prochâmes insensiblement des routiers et de
leurs chevaux ; les dames nous suivirent, bien
déterminées à faire leur partie avec nous.

A peine arrivions-nous à la tête de la caravane, à vingt pas environ des bandits, que tout
à coup les cris cessèrent. Les sons lugubres de
l'orgue, jouant une danse macabre quelconque,
se font entendre, puis une ritournelle nasillarde

sort d'une mandoline à deux cordes, faite d'une calebasse à long goulot, puis un tambour de basque, enfin un concert à faire tomber en épilepsie. Tous les Kurdes mirent pied à terre, laissant leurs armes et leurs chevaux à la garde de leurs domestiques.

Domestiques? mon Dieu, oui! des domestiques, vous avez bien lu.

J'ajoute que, dans le désert, le valet qui manifesterait l'intention de s'élever au niveau de son maître, sous prétexte que tous les hommes, ayant été créés à l'image de Dieu, sont égaux devant le prophète, et de propager cette doctrine, ainsi que la diffusion du capital, serait sur l'heure étranglé, massacré, dépecé, lardé, désossé et jeté à la voirie, pour apprendre aux autres à respecter les *droits acquis*. Les Kurdes, les Turcomans, les Persans ne plaisantent point sur ce chapitre.

Les bayadères, tout enjuponnées de vieilles défroques d'étoffes de Perse, pailletées de haut

en bas, d'or et d'argent faux, les bras et les
chevilles ornés de bracelets de cuivre doré, de
fer-blanc, de rondelles de tôle, de verroteries,
une coiffure indescriptible, les oreilles ornées de
perles de couleur, sautent prestement des caco-
lets, et commencent une de ces danses étranges,
comme nos danses européennes ne peuvent en
donner une idée.

Les Kurdes se mettent aussitôt de la partie,
sautent, se déhanchent, se démènent, se dislo-
quent, chantent et crient.

Leur joie est indicible. Les chants vont *cres-
cendo*, la musique se fait plus bruyante, les animaux de la caravane manifestent leur étonnement par des mugissements et des hennisse-
ments enragés; c'est un charivari inénarrable.

Malgré leurs jarrets de fer, ces énergumènes
sont bientôt hors d'haleine, et tombent épuisés
sur le sol.

Enfin, comme rien n'est éternel en ce monde,

et que les brigands ne pouvaient passer leur vie
à sauter, danser et se reposer dans les roselières,
les Kurdes firent une quête avec une politesse
qui nous surprit. Chacun de nous jeta quelques
pièces de monnaie. Ces *messieurs* nous saluèrent
assez gracieusement en nous serrant la main et
nous remerciant, avec mille *salamaleks*, du
plaisir que nous leur avions donné; puis, re-
montant prestement sur leurs bêtes, ils s'éloi-
gnèrent au galop, leur lance sur le dos, et
fumant d'excellent tabac.

Quelques instants après, ils disparaissaient
dans les profondeurs de la vallée.

En somme, personne ne fut mécontent de
cette aventure.

Sous ce ciel quasi-tropical, partout où l'eau
manque, le sol est frappé de stérilité absolue.
C'est la steppe, un désert rougeâtre ici, couleur
d'amadou d'un autre côté, partout sablonneux
ou cailouteux, d'une tristesse navrante. Mais
dans le voisinage d'un cours d'eau, d'une mare,

d'une source, le tableau change ; le pays est vivant, la nature développe ses plus riches productions ; les habitations se groupent, se serrent ; des cordons de vignes, courant d'un arbre à un autre, s'étagent et ombragent les céréales ; les paysans font du vin et le boivent. C'est une erreur de croire que tous les musulmans ont horreur du jus de la vigne.

Un roi de Perse, que l'histoire ne nomme pas, s'était mis dans la tête de faire arracher et brûler toutes les vignes de son royaume. Les soldats qu'il envoya pour accomplir cette besogne, furent massacrés. Sous peine de voir son armée se fondre comme une boule de beurre au soleil, il dut revenir sur sa décision, et il fit bien. Néanmoins, voulant avoir le dernier mot, il fit empaler tous les ivrognes ramassés dans les ruelles de sa capitale et de ses villes principales.

Le défi était raide. La population voulut avoir le dernier mot à son tour ; elle fit étrangler son monarque, et le fit porter à la voirie. Ses

successeurs jugèrent prudent de fermer les yeux
et les oreilles. Aujourd'hui, on bâtonne légèrement les ivrognes qui font du tapage, et c'est
tout.

C'est peut-être cette histoire qui a inspiré à
nos législateurs, il y a une quinzaine d'années,
d'édicter une loi punissant l'ivrognerie *mani-
feste*. Qu'est-il arrivé? C'est qu'on a dû laisser
dormir la loi, pour n'être pas obligé de faire
passer en police correctionnelle une quantité de
braves gens sans défiance, qui se laissent ter-
rasser par le vin, ce lutteur perfide qui prend
son adversaire par les jambes.

Il en a été comme de cet arrêté préfectoral
qui réglementait la longueur des fouets des
cochers. Trois cents délits étaient constatés
chaque jour, en sorte qu'au bout d'une semaine
il n'y aurait plus eu de cochers pour conduire les
Parisiens aux courses. L'administration a jugé
prudent de laisser dormir du sommeil éternel
le malencontreux arrêté dans les cartons de la
préfecture.

Une partie de la Perse s'étend jusque dans les hauts chaînons de l'Ararat, dans le cœur de l'Arménie, là où la tradition rapporte que Noé s'arrêta, planta la vigne et... s'enivra; une partie des Persans de ces localités cultive la vigne, fait des raisins secs ou du vin, selon que chacun trouve plus d'intérêt à s'occuper de l'un de préférence à l'autre.

CHAPITRE VI

UNE CAPITALE TRANSPLANTÉE. — LE SHAH QUI AIME L'ESTURGEON

Un matin, tandis que la lune jetait ses dernières clartés, le voisinage de l'ancienne capiale de la Perse se fit sentir.

Des mendiants, des industriels de grands chemins, saltimbanques, bateleurs, conteurs commençaient à border le chemin conduisant au faubourg.

Peu à peu le jour se fit, et c'est sous l'éclat des premiers rayons du soleil que notre caravane stoppa avant d'entrer en ville.

Une partie devait continuer son chemin vers Bagdad, l'autre vers Busheïr, la troisième restait à Ispahan; c'était la nôtre.

Les ruelles longues et tortueuses des faubourgs, qu'il faut traverser presque toujours
entre deux murs de boue sèche ou des haies
d'agaves, de cactus épineux, de capriers, s'éten-
daient en labyrinthe sur plus de huit kilomètres,
bordées d'enclos, de vergers, de jardins gris de
poussière, ayant soif de pluie.

Les rues étaient déjà animées ; étudiants et
écoliers se rendaient aux *medressêes* (écoles),
aux *mactabes* (écoles primaires), les artisans à
leurs ateliers. Là, comme dans tout l'Orient, à
Bagdad ou en Turquie, en Egypte, en Syrie,
dans l'Inde, les affaires commencent au petit
jour, et sont interrompues de dix heures du
matin à trois ou quatre heures de l'après-midi.

Les Européens seuls affrontent la brutalité
du soleil, au risque de prendre une insolation
qui tue les imprudents en quelques heures ; on
peut cependant les sauver quelquefois au moyen
d'un remède aussi simple que peu coûteux,
mais d'une grande énergie, à savoir : des com-
presses, sur la nuque, d'eau très froide amidonnée

que l'on renouvelle toutes les cinq minutes ;
après quoi l'on fait avaler au malade par petites
gorgées une tasse de café noir dans laquelle on
a exprimé fortement le jus de deux citrons.

La Perse possède trois capitales, à égale distance l'une de l'autre, d'une même importance,
ou à peu près, au point de vue commercial et
industriel, mais ayant chacune son caractère
particulier, des mœurs et des aptitudes différentes.

Shiraz, disent les Persans, est la capitale
littéraire et scientifique, le siège des lumières
de l'Iram. Ispahan est la ville du luxe et des
plaisirs ; Téhéran, le siège du Gouvernement et
la ville de la gloutonnerie.

Ces trois caractères sont, comme on le voit,
très tranchés ; cette appréciation est aussi très
exacte.

Avant d'aller plus loin, que le lecteur me per-

mette d'ouvrir une parenthèse pour lui expliquer comment, et à la suite de quelles circons-
tances bizarres, Ispahan a été dépouillée du
titre de capitale qu'elle possédait depuis tant de
siècles, et quelle est la cause qui a conduit le
shah Abbas à se retirer dans l'immense plaine
de l'Irak-Adjemi pour y construire la ville de
Téhéran.

Le shah Abbas aimait le poisson, principalement l'esturgeon; et le Zand, devenu un ruisseau, ou plutôt un torrent qui traverse Ispahan,
n'en contenait pas. Pour flatter cette singulière
fantaisie, ses satrapes lui en expédiaient de
Lencoran. Or, la distance qui sépare cette vill de
l'ancienne capitale est d'environ deux cents
lieues. Si vite que courussent les courriers, aucun ne pouvait arriver à Ispahan en moins de
sept jours, malgré les relais servis par des
hirrahs, chameaux d'une grande vitesse, qui faisaient cependant une trentaine de lieues en
vingt-quatre heures.

On conçoit qu'après un voyage d'une semaine le poisson n'arrivait jamais au palais dans un état de fraîcheur irréprochable.

Un jour, après son kef et une digestion pénible, causée par un plat d'esturgeon avarié, ce monarque, s'il faut en croire la tradition, se fit le raisonnement suivant :

— J'aime le poisson frais, j'ai une passion pour l'esturgeon, le plus délicieux, le plus appétissant des poissons de mer, et il ne m'arrive dans un état à peu près passable qu'en hiver. Je suis donc pendant six mois de l'année condamné à n'en point manger, ou à le manger gâté. Que faire?

— Parbleu, sire, fit un de ses favoris, qui devinait sa préoccupation, Votre Majesté est embarrassée pour bien peu de chose.

— Comment! peu de chose? fit le monarque, en fronçant terriblement ses sourcils aussi épais, aussi rudes que les soies d'un sanglier, peu de chose, de manger pendant

six mois du poisson pourri!.. eh bien! je te
condamne à en prendre ta part, et tu verras
si cela est si peu de chose de se nourrir d'une
pareille ordure.

— Ce qui est peu de chose, sire, c'est de re-
médier à cet inconvénient.

— Puisque tu es si malin que ça, indique-
moi ton moyen et je te couvre d'or.

— Le Koran...

— Que dit le Koran?

— Dans je ne sais plus quel chapitre de notre
livre saint, Mahomet dit à la montagne : « Viens
à moi! » mais la montagne ne bougeant pas de
place, le prophète ajouta aussitôt : « Puisque tu
ne veux pas venir à moi, c'est moi qui irai à
toi. »

— Je ne peux pas dire à la Caspienne de venir à Téhéran, reprit le Shah.

— C'est vrai, sire! mais si Votre Majesté rapprochait sa capitale de la mer Caspienne, encombrée d'esturgeons...

Le monarque bondit et entra dans une colère bleue, croyant que son favori se moquait de lui.

— Holà! mes officiers, mes satrapes, mes ministres, s'écria-t-il, que l'on m'amène aussitôt l'exécuteur de mes hautes œuvres, avec des lacets de soie pour étrangler sur l'heure ce truand, qui a l'audace de me prendre pour un imbécile!

— Permettez, sire! reprit aussitôt le favori, avant de faire exécuter votre sentence, veuillez, je vous prie, écouter le discours de votre plus fidèle sujet.

— J'écoute; parle et sois bref.

Le bourreau apporta, d'un air joyeux, sur un plat en vermeil, plusieurs lacets de soie, à peine de la grosseur d'un fil retors double.

7

— C'est bien, fit le monarque, qui avait remarqué le sourire féroce du bourreau, laisse là
les instruments de la loi, laissons parler le
coupable.

— Sire! la montagne ne venant pas à notre
divin prophète, ce fut lui qui vint à elle, ai-je
dit tout à l'heure. Or, vous êtes un grand roi,
le roi des rois, vos moindres ordres sont exécu-
tés aussitôt, et si Votre Majesté veut bien me
laisser carte blanche, je me fais fort de rapprocher votre capitale de la mer; au lieu d'en être
à cent quatre-vingt-dix lieues, elle n'en sera plus
qu'à soixante-dix; le poisson vous arrivera en
moins de deux jours.

La figure du monarque prit une expression
moins sévère.

— Mais pour arriver au but je supplie Votre
Majesté, le plus grand, le plus imposant, le plus
magnanime des rois de la terre, de vouloir
bien faire exécuter les ordres que je donnerai
à ce sujet.

Le roi fit un signe d'approbation.

— Et dans trois ans, Votre sublime Majesté pourra voir chaque jour, sur sa royale table, un esturgeon pêché la veille dans la mer Caspienne.

A ces paroles, le roi laissa passer sur ses lèvres un sourire de contentement. Et le bourreau, qui suivait attentivement toutes les expressions du visage de son roi, commença à trembler pour sa propre tête.

Il eût bien voulu fuir, mais le Shah, qui ne le quittait pas des yeux, le clouait sur place.

— Or, poursuivit le favori, pour que cette transformation marchât plus vite, il serait nécessaire que Votre Majesté vînt, par sa présence, activer les travaux, et passer sous la tente une partie de l'été, durant lequel elle pourra chasser : le pays est très giboyeux. Vos illustres ancêtres les rois Bahalaram II et Bahala-

ram III et IV ont en chassant tué tant de bêtes
à cornes, qu'ils ont pu faire construire la tour
des Cornes que l'on voit à Ispahan.

Ici, le roi exprima bruyamment sa satisfac-
tion.

— Tout de suite; commande mes tentes;
commande mon armée, ma cavalerie, et nous
partirons demain avec toute ma maison. Que
l'on appelle mon bourreau!

— Présent, fit celui-ci la bouche en cœur.

— En apportant les instruments de la loi
pour étrangler mon favori, que je viens de faire
mon premier ministre, ton visage a trahi la joie
féroce qui t'animait secrètement; tu te réjouis-
sais en dedans de voir mon plus fidèle servi-
teur passer dans l'éternité; comme il est juste
que ces lacets servent à quelque chose, je te
condamne à t'en passer un autour du cou,
séance tenante, et jusqu'à ce que mort s'en-
suive.

Une rue à Téhéran.

— Sire, exclama le favori, permettez que j'inaugure mon ministère par un acte de clémence. Le Koran dit que la gloire d'un roi magnanime éclaire l'univers autant que le soleil. Daignez m'accorder la grâce de cet homme.

— Accordé, fit le monarque.

Le Shah Abbas fit aussitôt préparer ses bagages et donna l'ordre du départ. Toute la cour le suivit, et, dix jours après avoir quitté pour jamais Ispahan, il campait dans l'immense plaine de l'Irak-Adjemy, à l'endroit même où sont aujourd'hui la citadelle et le palais du Shah actuel.

Les populations des alentours, apprenant que le roi de l'Iram se faisait construire une autre capitale, pour se rapprocher des esturgeons, accoururent en foule.

Des faubourgs, des places, des bazars furent créés, des mosquées furent bâties, des jardins tracés, ainsi que des vergers, où l'on cultiva des fruits et des légumes de toutes sortes, nécessaires à l'alimentation d'une population toujours croissante, qui est aujourd'hui de cent mille âmes.

Sept ans après ce déplacement du Shah, l'empire des Sophi possédait une capitale de plus, qui fut nommée *Téhéran*. On l'enferma dans une ceinture de murailles, pour la mettre à l'abri des incursions des montagnards maraudeurs.

CHAPITRE VII

ISPAHAN. — LA VILLE ET LES FAUBOURGS.

Au grand jour, ma déception eût été grande à l'aspect de la ville, si je n'en avais eu un avant-goût depuis notre départ d'Erivan.

Il faut en rabattre beaucoup des merveilleuses et féeriques descriptions que l'on fait, dans les *Mille et une Nuits*, des villes de l'Iram, au temps d'Haroun-al-Raschid, seigneur et sultan de Bagdad.

Au commencement des faubourgs, un grand nombre de montures, chevaux, mulets, bourricots, attendaient les voyageurs, comme les fiacres sur nos places. Mon compagnon et moi,

nous enfourchâmes chacun un baudet d'un roux
splendide. Nous nous méfiions des chevaux persans, d'une allure dangereuse quand on n'a
pas l'habitude de les monter.

Après avoir pris congé, à grands renforts de
poignées de mains, de nos compagnons les Anglais et les Anglaises, qui poursuivaient leur
route vers Bagdad, nous nous engageâmes dans
une foule de ruelles, sinueuses, étroites, bordées de vergers, qui embaumaient l'air de mille
senteurs délicieuses.

Chemin faisant, nous passâmes devant des
écoles, des bains, des mosquées, nous croisions
un grand nombre de cavaliers allant se promener hors de la ville avant que le soleil ne
s'élevât sur l'horizon.

Les chevaux persans sont pour la plupart
d'une grande beauté. Le cheval arabe est petit,
nerveux, svelte, d'une grande finesse de formes,
bien supérieures, quoique délicates, à celles
de son congénère de l'Iram. Le cheval persan

est plus rond, plus développé dans ses formes, d'une vivacité extraordinaire; cette vivacité le rend peu maniable; aussi la plupart des Persans portent-ils un petit casse-tête en bois de myrte, formé d'un noyau de racine assez fort et d'un manche de la longueur de l'avant-bras. Dès que le cheval s'emballe, un coup appliqué sur le front l'étourdit et l'arrête sur place. Quand la bête a été corrigée une dizaine de fois de cette façon, elle devient plus souple, le simple attouchement de ce petit marteau sur le front ramène immédiatement l'animal à la raison.

Nous passâmes devant des cafés d'assez piètre apparence, espèces de sous-sols sombres, où la terre battue tient lieu de plancher; sur un banc circulaire, large de deux pieds, et à un mètre au-dessus du sol, des consommateurs assis, la tête surmontée d'un chapeau semblable à un monolithe: les uns les jambes pendantes, les autres accroupis sur les talons, des gens du peuple, de tous les types et de toutes les classes, fumaient le callioum, aspirant la fumée du tabac, qu'ils rendaient par les narines. La plupart absorbaient de temps à autre du café moka, ou des sorbets au citron, à l'orange, au jasmin, à la rose, à la violette, dans une tasse de la capacité d'une demi-coquille d'œuf.

D'autres, étendus sur des morceaux de vieilles nattes, semblaient dormir en mâchant de l'ezrar (haschisch) qui leur donne un teint cuivré et un air idiot.

Nous arrivons enfin à l'entrée de la ville par la porte d'Abbas-Abbad, percée dans les anciennes murailles d'Ispahan, construites de briques et flanquées de proche en proche de tours carrées, qui s'affaissent peu à peu comme des tas de boue.

Aux premiers rayons qui viennent frapper ces murailles, des myriades de lézards bleus, vert émeraude, turquoise, jaune d'or, lapis-lazuli, gris, tigrés, sortent de leurs trous, s'accrochent aux briques, aux broussailles, et restent étalés comme des lazzaroni au soleil.

Couvent des derviches à Ispahan.

Après avoir franchi un labyrinthe de ruelles étroites, sales, puantes, poudreuses surtout, bordées de masures tombant en ruines, nous nous trouvions en face d'un pont d'une trentaine d'arches, d'une construction étrange. De chaque côté, au milieu d'une muraille épaisse, est une galerie qui domine la rivière : c'est le passage des piétons, à l'abri du soleil ; on s'imaginerait, au premier aspect, qu'un volume d'eau considérable doit s'engouffrer dans ses arches ; il n'en est rien pour le moment puisque le lit en est à sec et reste tel pendant trois ou quatre mois de l'année ; ce qui a fait dire à un Anglais, de passage dans la ville, qu'on serait tenté de vendre le pont pour acheter de l'eau. Mais la fonte des neiges et les pluies d'automne le transforment en un torrent impétueux, sans cesse grossi par les avalanches qui descendent des montagnes.

Nous arrivâmes enfin, après vingt minutes de course, à la porte du couvent des capucins arméniens, que les Persans ont le bon esprit de protéger et de respecter, à ce point que tous

saluent ces excellents pères qui leur rendent
de grands services et tiennent une hôtellerie
pour les voyageurs. Tous les étrangers qui frap-
pent à leur porte, quelle que soit leur religion, y
sont accueillis avec une simplicité et une affa-
bilité qui rappellent les anciens patriarches.

— Soyez les bienvenus, nous dit le supérieur, un vénérable vieillard à barbe blanche,
dont la physionomie respirait l'intelligence; une
traversée à dos de chameau, ajouta-t-il en ita-
lien, n'est pas des plus agréables. Il faut être
doué d'une charpente osseuse des plus solides
et d'un appareil musculaire des plus énergi-
ques pour n'être pas disloqué, rompu. Quinze
jours de tangage, c'est dur, n'est-ce pas, sans
compter la poussière, les rosées glaciales, l'in-
candescence du soleil.

On nous fit préparer un bain et, une heure
après, nous passions au réfectoire avec les
pères capucins, et nous causions de Paris, de
la France, de la Russie, du choléra qui y sévis-
sait alors avec une atroce brutalité, de l'état

politique de l'Europe, et même du Palais-Royal.

En quelque lieu du monde que l'on se trouve, on vous parle du Palais-Royal comme d'un palais enchanté, un lieu de féeries perpétuelles, faisant concurrence au palais merveilleux d'Aladin. C'est en quelque sorte l'étoile polaire des habitants de notre planète. Il est à la France ce que les jardins suspendus de la reine de Palmyre étaient à Babylone ; ce que les Pyramides sont à l'Egypte ; ce que la basilique de Saint-Pierre, à Rome, est à la chrétienté ; ce que le Vésuve est à Naples.

— Les temps sont changés, dis-je au père supérieur ; aujourd'hui le Palais-Royal n'est rien moins que féerique ; on n'y respire plus que la fumée des cuisines des gargotes, et l'odeur âcre qui s'exhale des cafés, où l'on est certain de ne jamais rencontrer le *plus pur* moka.

Sur les tables, sept ou huit bouteilles dressaient leurs longs goulots coiffés de cachets divers ; les toiles d'araignées dont elles étaient comme enjuponnées, témoignaient de leur grand âge.

Je ne pus réprimer un mouvement de surprise. J'exprimai au vénérable Père Athanase, qui s'était gracieusement fait notre cicerone, pour tout le temps de notre séjour à Ispahan, mon étonnement de voir la cave du couvent si bien montée.

— Ce sont les produits du pays, me répondit-il : les plants ont été tirés des principaux vignobles du monde entier, et vous verrez ce que le climat, le sol et la culture en ont fait. Nous avons un échantillon de tous les crus en renom dans les cinq parties du monde.

Les pères capucins ont un procédé pour vieillir et bonifier leurs vins. Ils enterrent leurs bouteilles bien cachetées, soit dans une couche de sable exposée au soleil, à l'abri des rosées glaciales de la nuit; soit dans une couche de fumier en fermentation et les y laissent cinq, six, sept et jusqu'à dix jours; au sortir de ce genre de bain de vapeur, le vin est vieilli de dix ans ; le temps fait le reste.

Après quelques. jours donnés au repos, le Père Athanase nous fit parcourir la ville en tous sens, les principaux quartiers, particulièrement celui des Parsis, adorateurs du feu, puis celui des Européens et des grandes familles persanes, dont les demeures sont les plus riches, les plus monumentales.

Les vieux quartiers d'Ispahan ne brillent ni par la propreté ni par la régularité.

Il y règne une tristesse mortelle, due à l'absence de vie extérieure, si ce n'est dans le voisinage des bazars et des bains, où grouille une population en guenilles, composée de mendiants, dont les lamentations vous assourdissent.

Ispahan est bâtie au milieu d'une plaine peu accidentée, mais ayant dans le lointain, et de tous les côtés, de magnifiques rideaux de montagnes, d'où descendent des eaux excellentes, qui alimentent à profusion tous les quartiers de la ville.

Les maisons sont en briques d'argile ou de glaise séchées au soleil, ayant la forme de longs pains de savon, sans crépis, ce qui permet à la pluie de creuser de profondes rigoles, de ronger peu à peu les murailles, et de les faire crouler en purée sur la tête des habitants et aussi des passants. Mahomet a inspiré aux Persans cette façon de bâtir, pour exterminer d'un seul coup la vermine qui y pullule. Si les propriétaires avaient le soin de masquer aussitôt les rigoles, dès qu'elles se forment, leur immeuble durerait quatre fois plus longtemps. Mais ces gens-là, bien que coudoyant des centaines et des milliers d'Anglais tout le long de l'année, ignorent un sage et prudent proverbe connu et pratiqué d'un bout de l'Angleterre à l'autre, à savoir qu'*une tuile remise à propos en sauve neuf.*

Y compris ses faubourgs, Ispahan a, dit-on, une circonférence de plus de cinquante kilomètres. C'est peut-être beaucoup dire, mais il est vrai que les faubourgs renferment d'immenses jardins, et que chaque maison n'abrite qu'une seule famille.

Nulle part, pas même à Constantinople et au Caire, les bains publics ne sont aussi beaux, aussi vastes, en aussi grand nombre.

Dans les quartiers autour des bazars, l'animation est toujours très vive; barbiers, marchands de melons, de légumes, de fruits, de gâteaux au miel, débités sur des corbeilles de lacis de pelures de saule, encombrent les rues.

Les chameaux ajoutent à l'encombrement; ils sont là, ils y restent, se couchent et prennent leurs aises. Sont-ils fatigués, ils s'étalent et s'allongent en travers de la rue, et obligent les passants à passer par-dessus, au risque de se faire mordre ou de recevoir un coup de sabot. On hurle, on jure, on sacre toutes les injures du vocabulaire persan autour d'eux, ils ne bougent pas. D'ailleurs, ils sont habitués à toutes les vociférations, et semblent s'en moquer.

Dans les quartiers populeux, les maisons
sont basses : un simple rez-de-chaussée, terminé
par un toit plat, renflé au milieu en forme de
dôme, à peine haut d'un demi-mètre, entouré
d'un mur d'appui de la hauteur des genoux,
pour faciliter les relations de voisinage.

En été, cette toiture sert de chambre à cou-
cher ; tout le monde s'y étend et y dort.

Les habitants persans n'ont d'autre jour sur
la rue qu'une porte basse, bardée de fer, à un
mètre du sol. Les propriétaires ne peuvent la
franchir qu'en rampant, comme s'ils entraient
dans un four. Toutes les autres ouvertures donnent sur une cour carrée ou sur des jardins.
Les cours ont l'aspect d'un petit couvent en mi-
niature.

Les rues et les ruelles ne sont praticables
que dans les quartiers riches ; partout ailleurs,
c'est le sol naturel, point pavé, bien entendu.
On y jette toutes les immondices des maisons.

Comme l'air, en circulant librement dans ces cloaques, pourrait emporter les miasmes putrides qui engendrent la peste, les fièvres malignes, les habitants ont eu l'ingénieuse idée d'orner leurs maisons de vastes et larges auvents, de manière à laisser passer le moins d'air et le moins de lumière possible. Le choléra, dans sa marche vers l'Europe, y a fait de tristes ravages. Toutes les villes de l'Iram en ont souffert d'une cruelle façon ; il en est qui, dans l'espace de vingt-cinq à trente jours, ont perdu la moitié de leurs habitants. Il est évident que la propagation de cette terrible maladie, qui a fait tant de fois trembler l'Europe, est due à cette malpropreté dans laquelle paraissent se complaire toutes les populations de l'Orient, comme dans leur élément naturel.

Ici la vie se concentre à l'intérieur.

Cet intérieur, chez les gens riches ou aisés, possède le confort que commande le climat fournaise en été, et d'une froidure sibérienne parfois durant l'hiver :

Galeries en arcades, retiros, rafraîchis par des fontaines, des jets et des cours d'eau vive ;

Jardins remplis d'arbres fruitiers si touffus que la vue n'y peut pénétrer de nulle part.

L'ameublement est d'une grande simplicité, il est vrai, au point de vue de nos mœurs européennes, mais confortable pour les gens du pays.

Ce confortable consiste en un amas considérable de tapisseries, de coussins, de nattes fort riches chez quelques-uns ; de coffres peints et badigeonnés de fleurs, fermés par des serrures ciselées à jour ; de miroirs dans des cadres de bois peints et enluminés d'oiseaux, de papillons et aussi de guirlandes de fleurs. Quant à la propreté, ce que j'ai dit des rues peut s'appliquer à l'intérieur des habitations.

La cuisine est un égout puant, où l'on remise quelques poteries, quelques plats de faïence, des vases en cuivre. On mange comme au temps des patriarches, la plupart du temps

tous au même plat, assis ou demi-couchés par
terre, appuyés sur les coudes : absence à peu
près complète de cuillers et de fourchettes ; on a
plus tôt fait de se servir de ses doigts, et c'est
plus économique ; on n'y regarde pas de si près.
Il est vrai qu'avant de se mettre à table, et lors-
qu'on en sort, tout le monde se lave les mains.
Le linge de poche est inconnu comme partout
en Orient et aussi en Russie — inconnu, ou du
moins connu de fort peu de gens — on se pince
le nez avec les doigts. Les Chinois ne font point
non plus usage de linge ; mais, au moins, ils ont
des cahiers de papier fin et souple pour cet
usage. Cette sorte de mouchoir n'exige pas le
service d'une blanchisseuse. On le jette dans la
rue, et autant en emporte le vent.

CHAPITRE VIII

LES MONUMENTS, LES MOSQUÉES, LES BAZARS

Après avoir donné plusieurs jours à la visite de tous les quartiers, il nous restait à voir les monuments et les mosquées.

Il serait difficile de juger du génie architectural et artistique des Persans d'après leurs habitations, à peu près dépourvues d'enjolivements. C'est dans leurs mosquées, comme autrefois, chez les Romains, dans leurs bains, qu'il faut chercher leur génie inventif, la finesse exquise de leur goût, leur patience de bénédictin à exécuter un travail d'art quelconque.

L'extérieur de leurs monuments ne manque pas non plus d'originalité. Cet assemblage de

briques vernissées de toutes couleurs, formant
des figures, des dessins d'une bizarrerie
étrange, a bien son mérite sans doute ; mais
cela n'est, après tout, que de la mosaïque de
maçon collée, plaquée sur les murailles des
minarets et sur les façades extérieures des
portes de la ville, qui réfléchissent, en mille
facettes lumineuses, les rayons du soleil et ceux
de la pâle reine des nuits (style persan), causant
à l'œil une impression désagréable.

Mais l'intérieur des mosquées est indescriptible ; elles sont remplies des merveilles du travail humain ; leur ornementation répond
bien à l'idée qu'on se fait des richesses
féeriques de l'Orient.

L'or, l'argent, les pierreries, les gemmes précieuses, les ivoires, les coraux, les marbres
transparents les plus rares, les porphyres, vous
étourdissent et vous enivrent.

Ces lampes d'or, d'une richesse de ciselures
exquises ; ces grilles d'argent massif, creusées,

fouillées de réseaux inextricables ; ces peintures dans le goût du pays, mauvaises, absurdes, inouïes si l'on veut, mais d'une naïveté charmante, et d'un coloris, d'une vivacité de tons étranges ; en un mot ces arabesques qui ornent de la base au sommet les colonnes, les arceaux, les coupoles, vous brisent la vue. C'est étourdissant, et pourtant on s'obstine à les contempler pendant des heures ; on y revient deux fois, dix fois ; on ne se lasse pas d'admirer cette poésie qui s'adresse aux yeux.

Il est impossible de rencontrer ailleurs qu'en Perse de tels ornements, de telles dentelures creusées avec autant de délicatesse, de fantaisie et de détails ravissants.

Le peuple qui a créé par les seules ressources de son génie ces incomparables merveilles, a évidemment des aptitudes pour la civilisation.

Le Persan est extrêmement vif, intelligent, spirituel. Dès qu'il sera entré dans le mouvement de la civilisation moderne, il tiendra

mieux que le Russe la corde du progrès. Il
n'a pas comme le Turc et les autres musulmans
l'orgueil farouche; sans cesser de croire très
sincèrement au Koran, il ne se montre pas
ennemi des autres croyances. S'il a une haine
au cœur, ce n'est pas pour le chrétien occiden-
tal, mais pour le russe orthodoxe. Toutefois le
fanatisme religieux est moins ombrageux, moins
brutal qu'en Turquie.

Depuis trente ans et plus, les gouvernements
qui se sont succédé pacifiquement, confiés à
des hommes fort intelligents, la plupart élevés
dans nos écoles, ont su préparer leur pays à
entrer dans le mouvement européen; le peuple
s'y façonne volontiers et y trouve son intérêt.

Les mœurs se sont adoucies ; les préjugés de
race ont fait place à un sentiment de tolérance.
Les étrangers peuvent entrer dans les mosquées
et le Persan est fier de les entendre exprimer
leur admiration.

Là, comme chez nous, à l'époque de la re-

naissance des arts, la foi a enfanté des chefs-
d'œuvre ; mais, plus heureux que nous autres
Européens, les Persans ont gardé leur foi. Leurs
sentiments religieux n'ont point été émoussés
par une presse malsaine, et ne s'émousseront
pas de longs siècles encore, il faut l'espérer.

Les encyclopédistes n'ont point passé par la
Perse, et leurs œuvres ne seront jamais, je le
pense du moins, traduites en cette langue qui
est la langue diplomatique et légale des Hin-
dous.

Les inventeurs et les propagateurs des
théories socialistes qui tenteraient de faire des
prosélytes dans ce pays, s'exposeraient à n'en
pas sortir vivants. Nous ne conseillons pas à
l'Internationale d'y envoyer ses apôtres prêcher
le nivellement des classes et la destruction de
l'infâme capital. Enfin, la *mode* qui règne
aujourd'hui en autocrate en Europe, n'a point
encore pu mordre sur ce peuple très attaché aux
coutumes de ses ancêtres. Hommes et femmes
portent un costume qui n'a point varié depuis

des siècles, et qui restera tel pendant des siècles
encore.

Les bazars occupent des rues entières, et là,
comme en France, au temps des maîtrises et
des jurandes, qui avaient du bon, quoi qu'on
en dise, c'est du moins mon humble avis, chaque industrie a un quartier spécial.

Quand un Persan sort pour faire ses provisions, il lui faut parcourir les quatre coins de la
ville, et Ispahan est peut-être dix fois plus étendue que ne le comporte le nombre de ses habitants.

En Persé, à l'encontre du *time is money*,
on compte le temps pour rien. Le Persan n'est
jamais pressé, il y a un peu du Turc dans le caractère des habitants de l'Iram. Ce sont les
hommes qui font la cuisine, les femmes restent
à la maison; si le dîner n'est pas prêt ce soir,
il le sera demain, elles n'ont rien à dire; si
elles ont soif elles boivent des sorbets, si elles
ont faim elles mangent des marrons rôtis, des

amandes de pistachiers ou des pépins de melons
pour amuser leur estomac.

Persan.

Soulier persan.

Les femmes toujours voilées vont se promener dans les bazars en allant aux bains, et ce
ne sont pas les moins bruyantes.

Les Persans ont un très grand respect pour
elles. Voici un dicton populaire qui prouve jusqu'à quel point peut aller ce sentiment : *Si tu
as une bonne femme, lave-lui les pieds et bois-en
l'eau.* Il est bien probable qu'ils s'en tiennent
à la métaphore.

Toutes les mosquées sont flanquées d'un ou
de plusieurs minarets, plus ou moins élevés, de
formes plus ou moins gracieuses.

Ces clochetons sans cloches, élancés et aigus
comme des pals, sont aux temples musulmans
ce que les campaniles sont aux églises d'Italie,
ce que les clochers sont à nos églises, avec cette
différence que les cloches sont remplacées par
un muezzin et son crieur.

Le muezzin a la mission d'annoncer cinq ou
six fois par jour aux croyants les heures de la
prière.

Or, pour remplir cette sainté fonction il faut

être aveugle. Et ce muezzin, une fois monté sur son minaret, y vit et y meurt.

Être aveugle, en Perse, est une position sociale qui a son bon côté. L'homme privé de la vue est un être sacré. Il n'est point responsable de ce qu'il fait ni de ce qui se fait en son nom. Ici la pauvre humanité est un sujet de spéculation. Un aveugle a une certaine valeur vénale : c'est une marchandise qui a cours, qui est même recherchée, et qui se vend comme une bestiole.

En quittant la grande mosquée royale, le Père Athanase nous ramena au *Maidan*.

Pour en donner une figure à peu près saisissable, disons tout de suite que c'est un vaste parallélogramme, caravansérail ou hôtellerie à deux étages destinée à recevoir les caravanes qui, autrefois, s'arrêtaient à Ispahan.

Comme style cela se rapproche des Gastinoï Drove de Moscou, de Pétersbourg et de toutes les grandes villes de la Russie orientale : im-

menses et lourds bâtiments à arcades, de trois
ou quatre cents pas de long sur la moitié de
large. La façade extérieure du rez-de-chaussée
sert de boutiques et de bazar. Le second étage
ressemble au rez-de-chaussée par son aspect
et par sa distribution. A l'intérieur, les cours
sont ornées de fontaines. Généralement quatre
portes, une sur chaque façade, donnant accès
dans les cours ou d'autres magasins, forment
un autre bazar, où l'on rencontre tous les objets nécessaires à la vie matérielle.

En quittant ce *Maidan*, qui est une chose
vraiment originale, le père capucin nous fit
prendre des rues conduisant au *Sorbac*, quartier des chrétiens arméniens, allée bordée de
beaux arbres, dont chaque pied est arrosé par
des rigoles.

Plusieurs fontaines, ayant la forme de vasques
octogonales, sont échelonnées sur toute sa longueur. Cette avenue magistrale traverse un
quartier très animé. En la quittant, on entre
dans le *Julfa*, le plus beau quartier et le fau-

bourg d'Ispahan. Les rues sont droites et les habitations bien bâties, la plus grande partie dans le goût du pays, un certain nombre à l'européenne. La plupart de ces rues sont également plantées d'arbres arrosés comme dans le *Sorbac*. Cette humidité constante, dans un pays où parfois la chaleur est d'une intensité de fournaise, leur donne une végétation vigoureuse, une frondaison plus verte et de plus longue durée.

Le *Julfa* renferme plusieurs églises, ou plutôt chapelles à l'usage des Arméniens. Les jésuites y ont un couvent, une église et une école très suivie par les jeunes Persans. Ce couvent possède un très beau et très vaste jardin ; c'est là que l'évêque de Babylone vient, de temps en temps, se reposer de ses fatigues, après les grandes tournées d'inspection qu'il fait périodiquement aux quatre coins de son diocèse, lequel s'encadre dans un espace de près de deux cents lieues, tournées qu'il ne peut faire qu'à cheval. Il y avait jadis un couvent de carmes ; il a été transporté du côté de Mossoul.

Plus loin, nous traversons le faubourg de
Garabad, où demeurent de préférence les Parsis
ou Guèbres, adorateurs du feu.

Ces Parsis ont une singulière manière d'enterrer leurs morts. Je dis enterrer, je me trompe :
après les avoir dépouillés de tout, ils les exposent
dans leur cimetière, hors de la ville et entouré
de hautes murailles, où ils sont abandonnés à
la voracité des oiseaux de proie qui sont là,
comme dans toutes les villes de l'Orient, des
fossoyeurs nécessaires.

Cette exposition odieuse et sacrilège a pour
but de savoir si le mort a été durant sa vie un
honnête homme ou un chenapan. Si les oiseaux
dévorent d'abord l'œil droit, la mémoire du
mort est vénérée ; si c'est l'œil gauche, elle devient l'objet de la réprobation générale parmi
ses coreligionnaires.

Avec de telles superstitions, à quoi tient
l'honneur des familles en ce pays ?

Ispahan s'écrit et se prononce en persan *Isfahann*. Cette vieille capitale des Sophis est entourée de murailles et d'une ceinture de vastes faubourgs, couverts de jardins et de grands vergers, qui, au besoin, en faciliteraient la défense.

Vue de loin ou des hauteurs voisines, on est disposé, à première vue, à se croire devant un cimetière, d'où s'élèvent des dômes, des minarets, des tombeaux. Les jardins et les vergers sont cultivés avec soin et arrosés sans cesse ; ils donnent à grand'peine des légumes, excellents du reste, des salades variées. Mais on m'affirme, je ne sais si le fait est exact, — il fait le désespoir des Persans, — que les petits pois et les asperges n'y viennent point. La terre y est sablonneuse, poussière ou cendre. Cette infécondité partielle ne peut et ne doit être attribuée qu'au manque presque absolu de pluies.

L'eau d'arrosage aide certainement à développer les végétaux, mais ne contient aucun des éléments de nutrition, de sève en un mot, si nécessaires aux plantes légères. L'eau atmosphérique, autrement dit l'eau du ciel, est la seule qui donne au sol la puissance végétative nécessaire.

Néanmoins, la vigne, les mûriers, un grand nombre d'arbres à fruits, tous de plein vent, dont les racines percent profondément le sol, y viennent assez bien. Pommiers, poiriers, abricotiers, — cinq ou six espèces, — figuiers, néfliers, pêchers, donnent d'excellents fruits. Le climat est brutal et ne permet pas les plantations en espaliers : les arbres y seraient rôtis avant de fleurir. Dans les campagnes, le long des cours d'eau, dans les vallées principalement, le millet, la fève, la lentille, le froment, le chanvre, l'avoine blanche, le coton buissonneux y viennent à souhait.

Pour revenir à la vigne, on cultive plusieurs espèces de vins, dont quelques crus sont particulièrement réservés pour les caves du monarque ; celui d'Yesd est le plus délicat, les vins de Sultanieh viennent après. Quant aux vins de

Environs d'Ispahan.

Shiraz, ce sont, comme je l'ai dit plus haut, les plus fameux de l'Asie. Le vin d'Ispahan se fait avec le kirmischi blanc, à pépins presque imperceptibles.

Je ne dois pas oublier la culture du riz, le principal aliment de la population de l'Iram. On le cultive, là comme partout, dans des terres marécageuses ou des terrains aménagés spécialement. On sait que le riz est planté dans l'eau et que la tige doit y rester jusqu'à la complète maturité du grain. Ces sortes de marais sont des foyers de pestilence pendant six mois de l'année. Des fièvres paludéennes s'en dégagent qui prennent parfois le caractère du choléra. Les rizières ne sont tolérées que loin des villes et des bourgs. Il en est de même en Piémont et en Lombardie, où l'on fait du riz sur une grande échelle. Je dois ajouter que, de loin comme de près, un champ de riz ressemble, à s'y tromper, à un champ d'orge.

La culture des melons est aussi très répandue en Perse. Les plus estimés et les plus recherchés, parmi les vingt ou trente espèces qui se vendent sur les marchés, dès les premiers jours du printemps, sont la pastèque et le guermec; celui-ci cependant est préféré à l'autre. Le moins qu'un habitant puisse en absorber dans le cours d'une journée peut s'élever à vingt livres. Le melon est considéré comme le remède aux trois quarts des maux qui affligent l'humanité.

Les raisins ont en général le goût du muscat que, dans les environs de Paris, on cultive en bonne exposition du midi, et qui mûrit tant bien que mal. Les oranges, les citrons, les cédrats, les jasmins, les grenades rouges d'une grosseur extraordinaire, encombrent les vergers. L'œillet est une des fleurs aimées ici; les narcisses, les renoncules, les impériales sanguines, les muguets, les jonquilles, les tulipes à queues courtes, les rosiers, sont les fleurs les plus communes. Dans les montagnes de l'Arménie, nous avons rencontré des touffes énormes de lys blancs.

La gent ailée est à peu près la même qu'en

France : le pinson, le moineau, aussi effronté que le nôtre, et le rossignol, qui chante ici en toute saison. Le gibier à poil et à plumes y est nombreux.

Durant notre voyage avant d'arriver à Ispahan, nous avons souvent rencontré, se vautrant dans les marais, dans les étangs, les cours d'eau, à la recherche du poisson, des grenouilles et autres bêtes aquatiques, de très beaux pélicans, que les Persans appellent des *porteurs d'eau,* parce qu'ils emmagasinent du poisson vivant dans la grande poche suspendue à leur bec, espèce de membrane toujours pleine d'eau. Mon compagnon Marius en a tué six ou sept le long de la route ; il leur a coupé le cou, et m'a prouvé comme deux et deux font quatre que ce long bec qui a presque la forme et les proportions d'une baïonnette, est incapable d'érailler la peau de la main, même alors que cet animal emplumé est en fureur. Ce bec, tranché de raies rouges, vertes, jaunes, etc., jusqu'à la naissance de la gorge, est d'un très joli effet ; la robe est d'un blanc mat, rosée en dessous, et le dessous des ailes laisse apercevoir quelques plumes rouges, quand l'animal les développe pour s'envoler lourdement.

Nulle part on ne rencontre autant de pigeonniers qu'en Perse, et ces pigeonniers ont souvent des formes monumentales, où l'architecture se montre très délicate et souvent d'un fini extraordinaire. Autour d'Ispahan, on les compte par centaines. Le fumier qu'on en retire est très recherché par les horticulteurs qui s'occupent spécialement de la culture des courges. Cet engrais contient une notable portion de chaux, et c'est à cela qu'on doit la qualité, l'arome et le sucré des melons. Nos cantalous des environs de Paris sont certainement d'excellents melons ; mais ils sont loin d'avoir le goût, la saveur sucrée de ceux que l'on mange en Perse.

CHAPITRE IX

LA MENDICITÉ ET LE MOYEN DE LA DÉTRUIRE

Une race infernale, celle des gueux, des mendiants et des malandrins de toutes les catégories, fourmille dans les grandes villes de l'Iram. A Ispahan, on ne la rencontre qu'à l'entrée des faubourgs. Ils sont nombreux et dangereux, et se montrent sous tous les types et tous les costumes. Un jour que je me plaignais des lamentations, de l'insistance et de l'audace de cette fourmilière de gredins, le *padre* Athanase nous dit : « Il fut un temps où un shah de Perse, qui ne plaisantait pas sur le chapitre de ses ordonnances, défendait la mendicité dans la capitale. Il eut une idée de génie, idée atroce, abominable, soit, mais en moins de vingt-quatre heures il en purgea la ville, radicalement et pour longtemps. Voici le fait :

Un jour, un voyageur étranger — on ne dit pas de quelle nation — traversant l'Iram, pour se rendre dans l'Inde, fut présenté au monarque. Ce prince l'invita à un grand festin, où l'on but plus que de raison ; il lui demanda, dans un moment d'ébriété, si dans son pays on voyait autant de pauvres qu'en Perse.

— Sire, il y en a dans tous les pays du monde, un peu plus, un peu moins.

— Et tous se plaignent de mourir de faim ?

— Tous brament sur le même diapason : *la charité, s'il vous plaît*, je meurs de faim !!!

— Exactement comme dans mon royaume, fit le monarque, mais au moins a-t-on essayé de les faire disparaître ?

— On les enferme dans des hôpitaux.

— Où vous les logez, les nourrissez à rien faire ?

— Sans doute, l'humanité...

— L'humanité est une belle chose, monsieur. dans certains pays.

— Mais comment faire pour détruire la mendicité? On ne peut cependant pas les tuer. Et d'ailleurs, comment leur prouver qu'ils ne meurent pas de faim?

— Vous venez de me donner une idée que je vais mettre à exécution dès demain. Ah! elle est bien drôle, mon idée, exclama le prince. L'humanité envers ces bandes de gredins me créerait, avec le temps, une armée de bandits qui, par reconnaissance, m'étrangleraient bel et bien.

—Mais, sire, en les enfermant sous de bons verrous, vous assurez votre sécurité.

— Je ne veux pas dépenser un sou pour les loger et les héberger, et j'ai une idée que je vais mettre à exécution devant vous; elle est bien simple, vous la conseillerez dans votre pays.

Le lendemain, le monarque fit appeler son premier ministre, et lui demanda :

— Y a-t-il beaucoup de mendiants dans ma bonne ville d'Ispahan ?

— Sire ! autant que de pavés. J'ai fait ce que j'ai pu pour détruire cette vermine.

— Et tu n'as pu y réussir ?

— Non, sire !

— Eh bien, je vais t'apprendre ton métier. De quoi se plaignent-ils?

— De mourir de faim.

— Ah ! ils meurent tous de faim. Cela est surprenant, ici, à Ispahan, où le riz et le millet ne coûtent rien. C'est bien ! Je me charge de les faire disparaître en moins de vingt-quatre heures.

En effet, le lendemain, le Sophi fit appeler l'étranger et le garda près de lui, pour lui donner une idée de son idée.

Le roi, habillé en riche marchand de Bassorah, se promena par la ville et fut assailli par une centaine de gredins qui tous hurlaient et gémissaient la misère à ses oreilles.

— Ah! mes pauvres enfants, leur répondait-il, comment! vous mourez de faim tant que] ça! venez chez moi, au bazar du roi, je vous donnerai à manger et à boire; vous m'y attendrez.

Le bruit de cette promesse de libéralités se répandit dans la ville, et vingt-quatre heures après le bazar regorgeait de *meurt-de-faim:* trois ou quatre cents pour le moins.

Sur un signe du prince, le bazar fut cerné, et on conduisit les mendiants à la citadelle. Les plus malins parmi eux, flairant une mauvaise affaire, s'échappèrent et coururent comme des effarés se réfugier hors de la ville.

Une fois dans la citadelle, le roi les fit ranger sur une seule ligne, examina ces gredins très attentivement l'un après l'autre; puis, s'adressant aux plus gras, aux plus dodus, aux plus forts de la bande :

— Pourquoi mendiez-vous, quand je vous vois si valides de tous vos membres, et capables de travailler?

— Je meurs de faim, dit l'un, pas de travail; je n'ai pas mangé depuis cinq jours une bouchée de pastèque.

— Pauvre diable! pas même une bouchée de pastèque, quand on les donne pour rien dans tous les bazars, dans toutes les rues... quelle misère!! Passe derrière moi...

Le roi s'adressa à un autre, aussi très valide,

très dodu, qui fit la même réponse. — Sire! je
meurs de faim, pas de travail, pas une pistache
depuis huit jours....

— Pas même une pistache, fit le monarque,
quand il y en a tant dans les faubourgs qui jon-
chent les ruelles et qui ne coûtent que la peine
de les ramasser. C'est bien, passe derrière moi.

Un troisième, un quatrième et enfin un
douzième passèrent ainsi derrière le roi.

—Écoutez, leur dit-il, écoutez, mes enfants,
j'ai le cœur sur la main, je suis naturellement
porté à la charité; vous mourez de faim, vous
me voyez navré, vraiment, et disposé à vous être
secourable. Mais je tiens avant tout à n'être point
dupe, et à savoir si réellement on meurt tant
que ça de faim dans mes États. Vous me dites
tous que vous n'avez point mangé depuis huit
et dix jours; je veux savoir la vérité, et comme
vous ne me la diriez pas, je n'ai qu'un moyen
à pratiquer pour la savoir, c'est de vous faire
ouvrir le ventre.

Bourreaux! approchez : couchez deux de ces hommes par terre, ouvrez-leur le ventre et voyez s'ils ont dit vrai, qu'ils n'ont point mangé depuis huit jours.

L'opération fut faite, malgré une résistance désespérée, des cris, des objurgations, et le bourreau affirma, preuves en main, que l'estomac de ces deux bandits contenait plus de nourriture qu'il n'en eût fallu à un chameau pendant huit jours pour traverser le désert.

Quand le roi se retourna pour interroger les autres, tous avaient pris la poudre d'escampette.

Et le lendemain, quand on apprit dans la ville que le roi faisait ouvrir le ventre des *meurt-de-faim*, tous les malandrins s'enfuirent au loin dans les montagnes. Pendant tout le reste de son règne, qui fut encore de plus de vingt années, on n'en vit plus un seul, ni en ville ni dans les faubourgs.

— Le moyen était raide et sauvage, répondis-je au Père Athanase.

— Mon cher ami, les peuples n'ont que le lois et les châtiments qu'ils méritent et qu'ils se donnent. Voyez les Russes : on les bâtonne, on les fouette, on les knoute, on les écorche vivants, on réduit leur dos en chair à saucisse... savez-vous pourquoi

— Non.

— Parce que ce peuple-là a la peau dure, ne connaît pas le sentiment de la honte ; parce que la prison lui est indifférente, et qu'en prison il est nourri, chauffé, logé et n'a rien à faire qu'à boire, manger et dormir. Il fallait donc inventer une pénalité dont ils eussent peur.

— Et on a inventé l'écorchement. Pouah ! c'est une horreur, c'est antichrétien.

— Je suis de votre avis, répliqua le Père ; mais ici, en Perse, si on n'écorche plus les

gens vivants, on les bâtonne sous les pieds,
on les empale!!

— Une autre horreur...

— Oui, mais depuis trente années que je suis
à Ispahan je n'ai ouï dire qu'on eût empalé qui
que ce soit. La peur de ce châtiment retient
les gredins dans la bonne voie. Vous voyez
qu'il est utile d'avoir au besoin des lois féroces
à sa disposition, il vaut mieux inspirer de la
crainte que d'avoir à sévir. En Perse, nous ne
connaissons pas cette jolie société de récidivistes qui fait la désolation de votre gouvernement. Or, quand Paris renfermera cent mille
récidivistes, il vous faudra une armée de cent
mille hommes pour les maintenir.

CHAPITRE X

Tout en causant avec notre aimable cicerone, un véritable puits d'anecdotes, nous repassions pour la quatrième fois devant la tour des Cornes, qui est sans contredit la chose la plus étrange que l'on puisse voir. Le Père Athanase nous en raconta l'origine; je vais essayer de reproduire son récit en l'abrégeant.

Cette construction est due, selon toute évidence, à un cerveau mal équilibré et sous l'empire d'une forte consommation de haschisch. Son diamètre au-dessus du socle est d'environ huit à dix pieds: sa hauteur ne dépasse pas quarante. C'est un bâtis de tuiles, de briques et de ciment dans lequel on a encastré extérieurement

des têtes de bêtes, des mâchoires de fauves,
des cornes, des tibias,.des côtes de gazelles,
qui forment un ensemble vraiment hideux ; le
haut se termine brusquement par une plate-
forme où nichent des cigognes ou des grues.

La légende raconte que cette jolie chose est
sortie du cerveau du Sophi Tahmas ! Qu'est-ce
que Tahmas ? je l'ignore, et notre guide n'en sait
rien non plus. Cette tour n'est point aussi vieille
que le monde sans doute, mais elle remonte si
loin dans l'histoire que les habitants n'en sa-
vent pas davantage.

Toujours d'après la légende, l'architecte vint
un jour déranger le roi, en ce moment plongé
dans l'ivresse, pour lui demander une tête de
grosse bête fauve destinée à couronner l'œuvre.

— Où veux-tu que je trouve une tête comme
tu en souhaites une? fit le monarque, on ne peut
en trouver une plus grosse que la tienne.

Et il donna l'ordre de la lui couper et de

l'encastrer dans l'entablement de la tour. On voyait encore ce crâne humain il y a une vingtaine d'années.

— Ce pauvre architecte a signé son œuvre, fit Marius, avec une placidité sauvage.

Nous devons ajouter, en fidèle historien, qu'après un mouvement populaire ce roi Tahmas fut étranglé et son cadavre enterré sous le fût de la colonne. Triste retour des choses d'ici-bas!

Le peuple persan est très pieux et croyant, comme le sont en général tous les musulmans. Ce sentiment se lit sur leurs figures empreintes d'un caractère d'ascétisme qui illumine leur physionomie, tout en lui donnant un caractère de gravité presque sauvage, et frappe l'esprit de tous les voyageurs qui ont visité ce pays.

Le peuple qui a su élever de si splendides mosquées à son Dieu, à son prophète et à ses

descendants est évidemment animé d'une foi
très vive. Tous les Persans font leur prière
plusieurs fois par jour, le matin, à midi, le soir,
lorsque le muezzin les y invite du haut des
minarets. Dans cette prière ils n'oublient jamais d'énumérer les vertus d'Ali, celles de
Mahomet, en inclinant la tête du côté de
l'Orient, chaque fois qu'ils prononcent le nom
d'Allah. Et comme nous autres catholiques,
ils prient pour leurs morts et regardent comme
saints ceux qui ont toute leur vie très fidè-
lement observé la loi du prophète.

Ali était le gendre de Mahomet. Ses deux
premiers descendants tiennent le premier
rang parmi la hiérarchie céleste. Ce sont eux
qui ont interprété le Coran.

Ces deux descendants, nommés Imans,
sont Hassan et Hossein; tous deux fils d'Ali,
lesquels laissèrent Scinel, Abedin, Mohamet,
Tadji, Hossein, Halkeri et Mekedi. Ce dernier
ne serait point mort et se serait retiré dans
une grotte on ne sait où, dit la légende.

Lorsque le muezzin les y invite du haut des minarets.

Il y doit rester, dit la légende, jusqu'au jour du jugement dernier, quand ses babouches, qu'il a laissées à l'entrée de son refuge, et déjà à demi tournées, feront tout à fait face à la caverne, de manière qu'en sortant il puisse y mettre les pieds pour aller convertir tout le monde à la foi du Koran.

Tous les descendants de la famille de Mahomet, c'est-à-dire de son gendre Ali, ont seuls le droit, dans tout l'islamisme, de porter un turban vert.

L'une des fêtes les plus populaires de l'Iram est celle des potiers, qui est célébrée en l'honneur des douze saints et de sainte Fatime, femme d'Ali et fille de Mahomet. Cette princesse, pour être agréable à la corporation des potiers, qui se plaignaient que le commerce des cruches, des gargoulettes et des pots n'allait pas du tout, fit un jour casser, par ses domestiques, tous les pots, tous les vases qui étaient chez elle, et tous ceux qui, ce jour-là, furent portés à la fontaine. En mémoire de cette bonne

action, les Persans rompent à pareil jour tous
les vases en terre qui leur tombent sous la
main.

Cependant, nous devons dire que la légende
n'est point tout à fait exacte à ce sujet, car sur le
plateau central de l'Asie, en Turcomanie, en
Perse, en Chine, en Boukharie, où la chaleur
est très vive en été, toutes les poteries sont faites
d'une terre très poreuse où l'eau se rafraîchit
très vite. Ceux qui veulent boire frais ne se
servent du même pot que pendant un certain
temps, trois ou quatre semaines, et souvent une
ou deux. Les pauvres gens ne changent de réci-
pient que quand ils le peuvent et n'attendent
pas, pour casser leurs cruches, le jour de la fête
de Fatime. Car, peu à peu, les pores de la terre
sont bouchés par les parties calcaires conte-
nues dans l'eau ; la transsudation ne se fait plus
que très imparfaitement, et il faut changer la
cruche. La manière la plus prompte pour ra-
fraîchir l'eau, dans un vase quelconque,
c'est tout simplement de le suspendre dans
un courant d'air et de le balancer, après l'avoir

préalablement enveloppé d'une étoffe quelconque, de laine de préférence, que l'on mouille de
temps en temps. Pour enlever l'odeur de terre
d'un vase neuf, on l'emplit, la première fois,
avec de l'eau de rose, de jasmin ou de menthe,
mélangée d'eau pure.

Il est une autre fête, la plus populaire de
toutes chez les Musulmans de l'Asie centrale :
c'est celle du Chameau, fête nationale, qui consiste à promener par toutes les rues des grandes
villes un jeune chameau orné de clochettes,
tout couvert de draperies, au son d'une musique diabolique, et suivi d'une foule de badauds
qui se disputent et se battent pour enlever des
flancs de la bête une pincée de poils, que l'on
conserve pieusement.

Avant de le mettre à mort, on le conduit devant une mosquée où on le purifie ; après quoi,
il est assommé, saigné et coupé en menus morceaux, qui sont distribués à la foule.

En Angleterre, le jour de Christmas il n'y a

si pauvre famille qui ne soupe au moins d'un
morceau d'oie, si petit qu'il soit. En Perse, le
jour de la fête du Chameau, il n'y a point un
Persan qui ne soupe d'un morceau de chameau.

Cette cérémonie, d'un caractère tout religieux,
a été instituée, dit le Koran, pour honorer le
sacrifice d'Abraham ; et la légende ajoute que ce
fut un chameau et non un bélier, comme le rapporte l'Ecriture sainte, qu'il égorgea à la place
de son fils Isaac. On choisit de préférence un
chameau blanc parmi ceux qui ont fait un
voyage à la Mecque. Pourquoi un blanc plutôt qu'un autre? Les Mahométans croient que
celui qui fut égorgé par le patriarche et celui
que Mahomet montait ordinairement, étaient
tous deux de cette couleur.

Cette fête rappelle un peu les Saturnales des
Romains.

Le peuple-roi a, pendant plusieurs siècles,
occupé l'Arménie, l'Asie Mineure, la Mésopotamie et une partie de la Perse, et là comme

ailleurs il a laissé les empreintes de ses mœurs, de ses lois, de ses usages.

Elle est d'ailleurs, sous une autre forme, l'histoire du bœuf gras de notre carnaval, avec cette différence qu'au lieu d'un chameau, c'est un bœuf qu'on immole, à la grande joie de la mob des rues et des ruelles. Notre carnaval a lieu pour l'ouverture du grand carême, c'est-à-dire des premiers jours de mars au vingt-trois ou au vingt-quatre avril, Pâques ne pouvant tomber qu'entre ces deux dates. La promenade du chameau se fait invariablement le dixième jour de la lune de Zilhadge, qui correspond à la fin de mai.

A ce sujet, le Père Athanase ajouta, avec malice, qu'autrefois le jour de cette fête nationale du Chameau, le monarque de l'Iram donnait un grand festin à toute sa cour, auquel il invitait les étrangers de passage dans ses États, ses ministres, les ambassadeurs, ses satrapes, et qu'il se donnait le plaisir — de prince — de faire attacher, derrière chaque convive, à quelques pas d'eux, des lions, des tigres, des panthères, des jaguars, des loups, des ours, tous ayant jeûné depuis plusieurs jours pour la circonstance. Ces bêtes féroces, sentant la chair fraîche, hurlaient, mugissaient, s'élançaient furieuses pour prendre leur part du festin, un morceau d'ambassadeur, de prince ou de ministre. On juge quelles devaient être les émotions et les angoisses des invités pendant le repas.

CHAPITRE XI

DÉPART POUR BUSCHEIR. — LA LÉGENDE DE
L'HUITRE ET DE LA PERLE

Après un séjour de près de trois semaines à
Ispahan — prononcez *Isfahann* — nous décidâmes, mon compagnon Marius et moi, de
prendre la route de Buscheïr, par Bagdad et Bas-
sora, ces deux étranges villes dont il est tant
parlé dans les contes des *Mille et une nuits*.

Nous étions trop près de la péninsule hin-
doue pour la laisser de côté ; et, d'ailleurs, nous
éprouvions tous deux le plus vif désir de toucher
à Colombo, pour y serrer la main de notre vieux
et illustre savant et ami le Padre Oliveira, qui
nous avait conduits, quelques années auparavant, au pic d'Adam et à la pêche des huîtres
perlières sur les bancs de Manar.

D'un autre côté, la traversée de la mer Vermeille nous séduisait d'autant plus que les bancs d'Ormuz, où l'on allait très prochainement ouvrir la pêche, donnent des perles qui rivalisent de pureté avec celles de Ceylan.

Une caravane allait bientôt se mettre en route vers Buscheïr par les montagnes du Zagros et Schiraz, l'une des plus anciennes villes de l'Iram, patrie du docte Haffiz, et le foyer littéraire de la Perse et même de l'Orient; c'est elle qui a le plus contribué à former, à épurer la langue persane.

Deux lignes encore pour finir.

Les pêcheries de perles sont, partout où l'on a découvert des bancs, la propriété exclusive des princes du pays, qui les ont réglementées très sévèrement, pour ne pas les épuiser, ainsi qu'ont fait les Espagnols des perlières noires des bancs de Panama qui n'existent plus. La perle, de quelque couleur qu'elle soit, est un joyau très recherché et d'une grande valeur.

Les savants de l'ancienne Rome, ne sachant comment expliquer la formation de la perle, disaient : *Elle est née d'une goutte de rosée.*

Un poète persan, je ne sais plus lequel, natif de Schiraz, a dit : « Une goutte d'eau tomba de la nue dans la mer Vermeille ; encore tout étourdie de sa chute : Que suis-je, fit-elle, au milieu de cet océan ? un vrai rien !...

Pendant qu'elle pensait ainsi, une huître, qui goûtait le soleil à la surface de l'onde, la reçut, l'enferma dans son sein et l'y éleva ; le ciel la fit grandir et la porta à une perfection telle qu'elle devint la perle la plus fameuse de la couronne des rois de Perse...

TABLE DES MATIÈRES

Imp. de la Soc. de Typ. - NOIZETTE, 8, r. Campagne-Première. Paris.

www.ingramcontent.com/pod-product-compliance
Lightning Source LLC
Chambersburg PA
CBHW072046080426
42733CB00010B/2006